樋口裕一

すばやく鍛える読解力

GS 幻冬舎新書 598

JN009560

はじめに

現代社会では、何よりも読解力が試されている。そう言ってよいのではないか。読解力とは、一般に文章を読みこなす力をいう。現在は様々な文章が社会にあふれている。現代社会を生きていくには、書籍はもちろん、新聞やインターネット上の文章を読みこなさなければならない。

しかも、読まなければならないのは、わかりやすい文章ばかりではない。日々、同僚や部下のレポートに目を通し、仕事やら個人的要件やらのメールを確認する必要がある。様々なタイプの文章を読み取ることが日常的に求められている。読解力がないと、文章を理解できず、社会を理解できず、人の気持ちを理解できず、情報を整理できない。

しかも、読解力は世の中を読み取る力とつながっている。社会の動きを見たり、自然の変化を読み取ったりするのもまた、広い意味での読解力だ。このような力と文章を読み取る力は直結している。文章を読み取る力をつけ、言葉を組み立て、そこから文章全体の意味を解読していけるようになると、社会や自然の様々な現象を読み取って、そこから現状を理解し、未来を予測していく能力を身につけていけるだろう。

ところが、そうであるにもかかわらず、教育の現場に身を置くと、驚くほどに読解力を持たない若者に出会って愕然とする。若者だけでなく、十分な読解力を持たないために、ネット上の文章や新聞記事について的外れな読みをして他者を攻撃したり、炎上したりといったことが頻発している。日本人の読解力不足に暗澹《あんたん》たる気持ちになる。

そうしたことに危機感を抱いて、２０１９年11月、『「頭がいい」の正体は読解力』（幻冬舎新書）を上梓《じょうし》した。その中で、いかに読解力が必要か、それを養うためにどのようなことをするべきなのかを説き、力をつけるための練習問題も付した。

刊行直後に、国際学習到達度調査（ＰＩＳＡ）で、日本の15歳の読解力が79か国・地域の中で15位になり、前回調査時の8位から大幅に順位を落としたことが大きく報道された。私が現場にいて常日頃感じていることが、データとして確かめられた形になった。そうした状況もあって、拙著は予想以上に好意的に迎えられた。

ただ、前著では、私は書物や新聞などに載る、プロの書いた標準的な論理的文章の読み取りを中心に語った。それが最初につけるべき読解力だと考えたからだ。

だが、先にも述べた通り、現実の世界で読まなければならないのは、プロの書いた論理的な文章だけではない。同僚や部下の書いた下手な文章を読まなければならない。政治家や官僚の書いた癖のある文章を読まなければならない。楽しみのためにエッセイや小説を読むこともある。わかりやすい論理的な文章の読解を説明しただけでは、そのような文章を読み取ることにつながらない。

そこで、本書では、初めに基本的な読解について説明した後、そのノウハウを応用しながら、下手な文章をいかに正確に、しかもできるだけ深く読解するか、あるいはもっと癖のある、一筋縄ではいかない文章やエッセイ、小説をどう理解するかを中心に説明している。

私は35年以上にわたって大学受験生の小論文を中心に、小学生から社会人までの文章指導を行ってきた。その仕事の多くは、下手な文章を添削指導することだった。正確な数字はわからないが、おそらく私はこれまでに下手な文章を10万通以上添削してきただろう。添削しなかった文章を加えると、おそらく20万通くらいは下手な文章を読んできたのではないかと思う。

添削する作業というのは、下手な文章の中からその人の言おうとしていることを読み取り、それがすっきりと伝わり、それをもっと深めるにはどのようにするべきかをアドバイスする仕事だ。まさに、読解力にかかっている。

また、私は翻訳家としてフランス語の文学作品を数冊訳している。その中には、一筋縄ではいかないアフリカの小説も何冊かある。癖のある原書の文章を読み取り、それを日本語に移すという作業を行ってきた。いってみれば私は生涯にわたって、読解することを大きな仕事の一つにしてきた。

本書の中に、私のこのような体験を織り込んだ。多くの方が本書を足掛かりにして、様々なタイプの文章を読み取るコツを身につけ、他者や社会への理解を深めるようになれば、これほどうれしいことはない。

すばやく鍛える読解力／目次

DTP 美創

第一章　3ステップ読解力の鍛え方

読解力を鍛えるにはどうすればよいのか。

私が提唱しているのは、①語彙《ごい》力養成、②文章力養成、③読解力養成の3ステップだ。

一般に「読み書き」といわれるように、初めに「読み」があって、そこで言葉を覚え、語彙力がつき、だんだんと書けるようになって文章を書くと考えられている。

だが、実際に文章力を指導している私からすると、必ずしもそうではない。本をたくさん読んで読解力をつけるように指導しても、なかなか若者は本を読んでくれない。手取り足取り、読み取り方を教えても、それが身につかない。私の世代の人間はほかに楽しみがなかったので、ときにむさぼるように本を読み、いつの間にか読解力をつけていたが、現在はそのような状況にはない。

ともあれ文章を書くように指導し、それと前後して、語彙を教える。そうすると、少しずつしっかりした文章を書けるようになり、結果的に読解力も飛躍的に伸びる。このようなことを、私は高校生や予備校生や大学生に文章を教えながら、つくづく感じてきた。

このことを説明するのに、私はよく野球やサッカーの話をする。

野球やサッカーを最もよく理解しているのは、それをプレーしたことのある人だ。プレーしていないのに、試合の流れや選手の気持ちや細かい技術などわからない。素人もテレビ中継などを見ながら理解しているような気でいるが、もちろんそれは、実際に名選手だった評論家の解説をきいて、それを受け入れてそう思い込んでいるにすぎない。本当にはわかっているわけではない。実践しているからこそ、深く理解できる。実践したこともないのに深く理解できるはずがない。

文章も同じだ。実際に自分で書いてみるから、文章の仕組み、書いている人の気持ち、細かな技術が理解できるようになる。書くという行為を自分のものにしているから読解できる。

現在、学校の国語では読むということを中心にしていて、書くことがまだまだおろそかにされているが、それでは、実際に野球やサッカーをしないまま、見方を教えているに等しい。まずは言葉を身につけ、それを使って書くことを重視するべきだ。そうすることによって、読解力が養成できる。

1　語彙力を鍛える

まずは、語彙力をつけることに力を注ぐのが望ましい。

とはいえ、そのために辞書の言葉を覚えたり、難読漢字を覚えたり、四字熟語やことわざを覚えたりすることには、私はあまり意味がないと考えている。そうしたことをしても、蘊蓄《うんちく》にはなるかもしれないが、実際に必要な場面で的確に言葉を使えるようになるわけではない。語彙力を養成するのは、あくまでも文章力や読解力をつけるため、言い換えれば実際の社会生活に使用するためだ。

では、どうするか。

そのために私が提唱しているのは、「言い換え力」をつけることだ。

「お昼はそばにしよう」という意味であっても、「昼飯はそばがいいな」と言うのと、「俺は昼、そばにする」「私はお昼はそばをいただこうかしら」「拙者《せつしや》は昼食にはそばを食すことにいたそう」と言うのでは、その言葉の与える印象がまったく異なる。人は、同じように「お昼はそばにしよう」と思っても、それを様々な表現で伝えている。

さらに気持ちを伝えようとしたり、自分の人柄、品性、能力を示そうとすることもある。自分では示そうとしなくても、おのずとそれが表れることもある。周囲にどんな関係の人がいるかによっても言葉遣いは異なる。

人は同じ内容を伝えるにしても、様々な言い換えをして伝え、言い換えをして読み取っている。「拙者は昼食にはそばを食すことにいたそう」という言葉を耳にしたとき、多くの人は、「私はお昼にはそばを食べよう」と変換して理解しているはずなのだ。そうすると同時に、そのような言葉を発した人がどのような人であるのか、その人格、育ち、価値観などを判断する。それが読解力にほかならない。

このような言い換え力のある人が、様々な語彙をもってその場に応じた表現で自分の考えを伝えることができる。相手に伝えたいように伝えることができる。そして、言い換え力があるからこそ、ほかにどのような表現があるのか、どうしてその表現を使ったのかを理解できる。つまり、相手の語る内容を深く理解できる。

しかも、言い換え力を身につける場合、楽しみながらゲーム感覚で訓練できる。新聞を読んだり、テレビを見たりしているとき、この内容をほかの言い方で言えないかと考えてみる。そのようにして語彙力が増す。使えるようになる。

詳しくは前著『「頭がいい」の正体は読解力』を読んでほしいが、とりわけ重要なトレーニング問題を以下にいくつか示す。これと同じような問題を自分なりに想定して訓練すると、飛躍的に語彙力は増すだろう。

問題1（　　）を埋めて、具体的な内容を付け加えてください。

（1）姉は、困っている人を見ると放っておけない性分だ。先日、（　　）。

（2）友人のSさんは、ときどき、自分のためにならないとわかっている行動をとる。先日、（　　）。

（3）情報社会になって私たちの生活は大きく変化した。たとえば、（　　）。

（4）日本人には律儀な人が多い。たとえば、（　　）。

出題意図

文章を書くときも読むときも、具体化・抽象化する能力が最も大事だ。文章を書くとき、抽象的なことを示したら、それは具体的にはどういうことなのかの説明を加える。また、具体的なことを示したら、次に抽象的にまとめる。それを繰り返して文章を紡いでいく。

読むときも同じように、抽象的な文が続くときには、頭の中で具体的にはどのようなことなのかを考える。具体的なことが続くときには、つまりどのような抽象的なことを言おうとしているのかを整理する。文章を書くのが苦手な人、読解に自信のない人には、その能力が不足している。

解答例

（1）道に迷っている人を30分ほどかけてマンションまで連れて行った／彷徨《ほうこう》しているお年寄りを家族の方と一緒に捜し回った／食べ物に困っていた近所の子どもを家に呼んで、食事を出していた

（2）突然、上司に口を利かなくなった／医者に酒を止められているのに、また飲みに出かけた／自分には何も関係ないのに、友達のレポートを手伝って徹夜した

（3）電車の乗り換えもドライブもナビゲーションシステムを頼りにするようになった／仕事は基本的にパソコンで行うようになり、パソコンを使えないと一人前とみなされなくなった／約束の時間や場所をしっかり決めないまま待ち合わせして、スマホで都合を言い合うようになった

（4）車がまったく通っていなくても、信号が青になるのを待って歩道を渡る人が多い／駅のホームできちんと列を作って電車を待つ／災害時も、暴動などを起こさず、素直に避難場所で待機する

解説

ここにはほんの一例しか示さない。ほかにも様々な具体例を示すことが可能だろう。なお、（2）については、初めの2つの解答例では自分のためにも他人のためにもならない行動を示したが、3つ目に、自分を犠牲にして人に尽くす例を示した。どちらの場合も考えられるだろう。（4）については、「律儀」という言葉のとらえ方によって幅が出る可能性がある。妥当と思われることを真面目に守るような行動を思い浮かべるとよいだろう。

問題2 （　　）内に、それ以前の部分をまとめるような短い言葉を入れてください。なるべく多くの答えを書いてください。

（1）私の妻は掃除を丁寧にして、料理も好きで、庭いじりを趣味にしているが、人と会って話をしたり、外で活動したりするのは好きではない。つまり、妻は（　　）だ。

（2）先日訪れたN国の首都では、ホテル周辺の一等地でも雨が降るとどぶから水があふれ出してぬかるみになった。信号がほとんどないので、ぬかるみの中を車が渋滞していた。空港から10キロもないのに、ホテルまで1時間以上かかった。つまり、N国は（　　）だ。

（3）私がよく行くレストランは3階にあるが、エレベーターで入れるようになっており、段差がなく、入口が広くとってあり、テーブルとテーブルの間も広い。車椅子の客が食事中だった。つまり、このレストランは（　　）。

（4）私の息子は、新聞やテレビで話題になっていることを取り上げて、すぐに、「お父さん、どう思う？」と話を持ち掛けてきて、私が何かを言うと、それに反対意見を言う。

1時間でも2時間でもその話をやめようとせず、政治などについて語ろうとする。つまり、息子は（　　）。

出題意図

問題1とは逆に、前半の具体的な内容を最後に抽象的にまとめる問題だ。なお、(1)と(2)については、（　　）の後に「だ」という助動詞が付されている。それについても考慮したうえで答えていただきたい。

解答例

(1) 内向的／内向的な性格／物静か／家庭的／控えめ／インドア派／人見知り／出不精
(2) 発展途上国／インフラが未整備の国／不便な国／未発達地域
(3) バリアフリーだ／バリアフリーになっている／障害者への配慮が行き届いている／サービスが行き届いている／サービスの良いレストランだ
(4) 議論好きだ／口が達者だ／知的だ／論争を好む／人を言い負かそうとする／政治に関

心がある

解説

(1)と(2)はうまく「だ」につながるように、名詞や形容動詞を用いる必要がある。たとえば、(1)の答えとして、「孤独を好む」などという答えでは成り立たない。(3)については、障害者への対応に限定して、「バリアフリー」という点を強調することもできるが、それを含めてサービスが行き届いている点に注目することもできる。

問題3 次のわかりにくい文を、日本語初心者にもわかるようなやさしい文に改めてください。

(1) 津波警報が発令されたら、何も所持することなく、直ちに高台への避難を開始してください。

(2) 政府の度重なる失態が原因で国民の信頼が失われ、その結果として経済が末期的症状を呈するに至ったため、政府は収拾を急いだが、より混迷を深めることになった。

(3) シャッター街化が問題視されるなか、商店街の現状について調査したところ、早急に改善策を打たなければ致命的な結果になりかねないという結論が出た。

（4）日本語母語話者同士が対話をする際には、支障なしに相互に了解し合えることであっても、どちらかが日本語非母語話者となると、様々な支障が生じて円滑にコミュニケーションを行えなくなる。

出題意図

難しめの文をやさしく改める問題だ。現実に、難しい文章を読むとき、多くの人が頭の中で以下のようなわかりやすい表現に変換しているだろう。読解力のある人はこの作業を簡単にこなすことができる。逆にいえば、これをうまく行うことによって、読解力を養うことができる。

解答例

（1）津波が来ると言われたら、何も持たないですぐに高いところに逃げてください。／津波に気をつけてと言われたら、何も持たないでさっさと高いところに逃げて。

（2）政府が何度も失敗したために、国民が信用しなくなって、経済がひどいことになったので、政府はなんとかしようとしたが、ますます困ったことになった。／政府が失敗ばかりして、国民の信用がなくなって経済も最悪になったので、政府はうまくやろうとしたが、もっとひどくなった。

（3）商店街につぶれるお店が増えていることが問題になっているので、今どうなっているかを調べたら、すぐに手を打たないと手遅れになるとわかった。／たくさんの商店が閉まって商店街が寂しくなっているので、どうなっているかを調べたところ、すぐになんとかしないと大変なことになるとわかった。

（4）生まれたときから日本語を話す人同士ならわかり合えることも、そうでない人たちだと、うまく通じなくなる。／子どものころから日本語を話している人同士だったら、簡単にわかることも、そうでない人だと、いろんなことが起こって、わかり合えなくなる。

解説

正確に伝えるよりも、大まかに内容を伝えることを重視するつもりで言い換えてほしい。もちろん、これについても様々なレベルの言い換えができる。各々解答例を2つ示したが、ほかにも様々な言い方がある。なお、「日本語母語話者」は日本人とは限らないので、注意していただきたい。

問題4 **問題3とは逆に、次のわかりやすい文を、新聞で用いられているような簡潔な文に改めてください。**

(1) このグラフは、バンコクの1月から12月までのそれぞれの月に雨がどのくらい降っているか、そして、その量が年とともにどのように多くなったり少なくなったりしているかを示している。

(2) 子どもたちが勉強したいという気持ちをだんだんと持たなくなっているのが、勉強のできない子が増えている原因だと思うが、このようなことがもっと良くなるようにできるだけのことをしたいと思っている。

（3）ふだんはきちんとした身なりをしているTさんは、土曜日や日曜日になると、それとはまったく異なるくだけた普段着で自分の家の近くを歩いている。

（4）そのような事件が起こっても当たり前だと思われるようなことが、この学校の生徒たちや教員たちにあったのかどうかについてもっと深く考えなければならない。

出題意図

文体には様々なレベルがある。様々な文体を使いこなせるようにすることによって語彙力は伸びる。日常的な会話の文体を新聞で使われるような文体に改めるのが、そのために最も効果的だ。日常的なことを語るときも、この内容を新聞のような文体にするとすれば、どうなるだろうと考えてみることで、語彙の幅が広がる。

解答例

（1）このグラフはバンコクの月ごとの降雨量と、年ごとの降雨量の推移を示している。

（2）学習意欲の減退が学力不足の子どもが増加している原因だと思うが、改善のために最善を尽くしたいと思っている。
（3）ふだんはフォーマルな姿のTさんは、週末にはラフな姿で近所を歩いている。
（4）そのような事件が起こる必然的要因が、この学校の生徒・教員にあったか否かを探らなければならない。／本学の生徒・教員内部におけるその事件の勃発要因の有無を探求すべきである。

解説

漢語の名詞形を用いると簡潔な文になる。「なぜ……なのか」という内容を「理由」などと示す。とりわけ、「……性」などという言葉も使いやすい。ひとまとまりにして、名詞節にできないかと考えてみると、このような文体になる。ただし、このような文体が常に望ましいわけではない。逆にわかりにくい文になることもあるので注意が必要だ。

問題5 次の文をそのまま他者に伝えると、あまりにぶしつけです。もう少し婉曲《えんきょく》な表現に改めてください。

（1）彼女はずけずけものを言うから、みんなに嫌われている。
（2）彼は自分が金持ちなのを鼻にかけて、貧しい人を馬鹿にしている。
（3）彼女は上品ぶっているが、安っぽい趣味のために底が知れる。
（4）彼はセンスが良くないので、何を着ても似合わない。

出題意図

最初に思いついた文をそのまま表現するのではなく、他者がそれを聞いてどう思うかを考えて言い換えるというのは高度な文章操作能力だ。これを身につけることによって、その場に応じた表現を行うことができるようになる。読解においても、表面的な理解だけでなく、より深い理解ができるようになる。

解答例

（1）彼女は率直に話をするので、それを心地よいと思わない人も多い。／彼女は遠慮しないでものを言うことが多いので、それを快く思わない方もいる。

（2）彼は経済的に余裕のあることを誇りに思っているようで、余裕のない人に重きを置いていないように私には思える。／彼は裕福であることを得意に思っているので、貧しい人が劣って見えるらしい。

（3）彼女は上品なそぶりを見せているが、ご自身の趣味のために、思っておられるほどの効果は上げていないように思われる。／彼女は上品そうにふるまっているが、あまり上品ではない趣味をお持ちなので、そのようには見えない。

（4）彼はとても良いセンスの持ち主というわけではないので、私にはいつも彼の格好がちぐはぐに思える。／何を着ていても、彼のセンスは私には理解できない。

解説

「……というわけではない」「……という面もある」といったパターンが利用できる。また、客観的に良くないと言うのではなく、「私にはこう思われる」というような言い方によって表現を和らげることができる。

問題6 **傍線部を別の表現に改めてください。**

(1) 一人の学生が、「先生、僕にはそんなことはできません」と言ったので、私は「できないと決めていたら、何もできないだろう」と強く言った。

(2) 時の大統領が「これからは民主主義を何よりも重視する」と言ったが、反対派の政治家たちは「そんなことは信用できない」と言った。

(3) 私は何度かパリに行ったことがあるが、そのたびにセーヌ川に行った。

(4) テラス席に座って道路を歩く人を見ていると、不思議な服装の人が見えた。

出題意図

「言う」「行く」「見る」は広い範囲で使える便利な言葉だ。だが、少しニュアンスを込めようとすると、様々な表現がある。そのような表現を使いこなすと、語彙豊かな文章を書くことができる。同時に、他者の書いた文章をニュアンスを含めて的確に読み取ることができる。

解答例

（1）一人の学生が、「先生、僕にはそんなことはできません」と抗議したので、私は「できないと決めていたら、何もできないだろう」と強く叱った。

（2）時の大統領が「これからは民主主義を何よりも重視する」と言明したが、反対派の政治家たちは「そんなことは信用できない」と反論した。

（3）私は何度かパリに出かけた（パリを訪問した／パリに出向いた／パリを訪れた）ことがあるが、そのたびにセーヌ川に赴いた（セーヌ川を歩いた／セーヌ川を訪れた／セーヌ川を散歩した／セーヌ川に足を運んだ）。

（4）テラス席に座って道路を歩く人を観察して（眺めて／目にして）いると、不思議な服装の人が目に入った（視野に入った／現れた）。

解説

「言う」は「しゃべる／語る／口にする／言明する／宣言する」などと言えるし、そのほかにも状況に応じて、様々な言葉を使うことができる。「行く」は「訪れる／訪問する／足を向ける／赴く／向かう／出かける／通う／散歩する／散策する／歩く」などを使うことができる。「見る」は「眺める／目にする／視野に入る／凝視する／覗く」などの表現がある。

問題7 **次の文章は尾崎紅葉『金色夜叉《こんじきやしや》』の一部、有名なセリフ「来年の今月今夜……」の少し前に現れる文章です。貫一は許嫁《いいなずけ》だったお宮が自分を裏切って富豪のもとに走ったと信じて、お宮を罵《ののし》ります。これを現代語に訳してください。**

宮は我を棄てたるよ。我は我妻を人に奪われたるよ。我命にも換へて最愛《いとをし》みし人は芥《あくた》の如く我を悪《にく》めるよ。恨は彼の骨に徹し、憤《いかり》は彼の胸を劈《つんざ》きて、ほとほと身も世も忘れたる貫一は、あわれ奸婦《かんぷ》の肉を啖《くら》ひて、この熱腸《ねっちょう》を冷《さま》さんとも思へり。忽《たちま》ち彼は頭脳の裂けんとするを覚えて、苦痛に得堪《えた》へずして尻居《しりい》に僵《たふ》れたり。

宮は見るより驚く遑《いとま》もあらず、諸共《もろとも》に砂に塗《まび》れて掻抱《かきいだ》けば、閉ぢたる眼《まなこ》より乱落《はふりお》つる涙に浸れる灰色の頬《ほほ》を、月の光は悲しげに彷徨《さまよ》ひて、迫れる息は凄《すさまし》く波打つ胸の響を伝ふ。宮は彼の背後《うしろ》より取縋《とりすが》り、抱緊《いだきし》め、撼動《ゆりうごか》して、戦《をのの》く声を励せば、励す声は更に戦きぬ。

語注：奸婦……姦婦に同じ。夫でない男と密通する女
尻居……尻もちをつく
熱腸……悲痛な思い
戦く……わなわな震える

出題意図

翻訳するのが、実は最も語彙力を高めるのに役に立つ。標準的な日本語に改めるだけでなく、若者言葉に翻訳してみたり、自分の育った土地の方言に翻訳してみたりすることもできる。原文に忠実に訳してもよいが、思い切って意訳してもよい。様々な訳文を楽しむと、言葉に対していっそう敏感になる。

解答例

宮は僕を捨てたのだ。僕は妻を他人に奪われたのだ。僕は自分の命とひきかえにしても惜しくないほどに宮を愛していた。それなのに宮は僕をゴミのように嫌ったのだ。宮への恨み

は彼の骨まで届き、宮への怒りは彼の胸をずたずたに引き裂いて、まったく身も世もないほどに正気を失った貫一は、ああ、自分を裏切った宮の肉をむさぼり食ってこの悲痛な思いを冷まそうか、とまで考えていた。突然、彼は頭が割れるほどの痛みに襲われ、苦痛に堪えられずに尻もちをついて倒れ込んでしまった。

宮はその様子を見ると驚く間もなく、一緒に砂まみれになって貫一を抱きかかえると、貫一の閉じたまぶたからこぼれ落ちる涙で濡れている灰色の頬を、月の光は悲しげに彷徨って照らし、宮に迫ってくる貫一の息づかいは、凄まじく波打つ胸の鼓動を伝えてくる。宮は彼の背のうしろからすがりついて、抱きしめて、揺り動かして、震える声を張り上げると、その声はますます震えるのだった。

解説

初めの部分は、地の文でありながら貫一になりきって気持ちを書いている。それに注意して、貫一になりきった現代語に訳す必要がある。ここには元の文章を尊重した訳文を示したが、もちろん、もっと意訳してもよい。様々な訳が楽しめるはずだ。

2　文章力を鍛える

言い換え力を鍛えることによって語彙力を身につけたら、次は文章を書いてみる。

私が文章力をつけるために勧めているのは、小論文を書くことだ。小論文は、1980年代から大学入試に、その後は高校入試などにも取り入れられるようになった文章形式で、レポートや論文の基本になる。何らかの課題や文章を与えられて、それについての自分の考えを論理的に説明するものだ。小論文を書き慣れてくると、論理的に思考し、読んでいる人にわかるように書けるようになる。

まず、論理的に文章を書くには、「型」を意識することが最も有効だ。「型」とは、論理手順のことと考えてほしい。「型」を応用することによって、常に論理的に文章を作成することができる。

論理的な文章に共通する3つの「型」

以下の３つの「型」が基本となる。

①基本A型

２００〜３００字の短い文章を書くときに用いる。多くの人が日常的にこの「型」を使っていると思うが、あえて意識的にとらえてほしい。そうすることによって、常に論理的に語れるようになる。なお、この「型」は、独立した文章だけでなく、長い文章の中の一部でもしばしば用いられる。先に抽象的にズバリと示して、その後に具体例を書くなどがその典型だ。

・第一部：ズバリと言いたいことを書く。
・第二部：第一部で書いた内容を説明する。第一部に主張を書いたら、この部分にその根拠を示す。第一部に抽象的なことを書いたら、ここで具体的に説明する。
「理由は２つある」などとすると、いっそう論理的になる。

●例

eスポーツがオリンピックの競技に加わることが議論されているが、私は反対だ。

そもそもスポーツというのは、肉体の鍛錬を行うものである。それによってアスリートが自己鍛錬を行い、種目別に交流し、競争する。そのような肉体の圧倒的なパフォーマンスによって行われる競技を見て世界中の人が感動し、平和的交流を行うのである。eスポーツは代理スポーツであって、本来のスポーツではない。肉体の鍛錬を伴わず、肉体の躍動への感動も伴わない。オリンピックにふさわしい競技ではない。

---

②基本B型

200〜300字の短い文章を書くときに用いる。基本A型をひっくり返した「型」だ。基本A・B型の両方を自在に使いこなせるようにしておくと、常に論理的に書くことができる。なお、この「型」は、独立した文章だけでなく、長い文章の中の一部でも、しばしば用いられる。先に具体例などを示して、あとで抽象的にまとめるのがその典型だ。

・第一部：主張したいことの理由をまとめる。また、具体的な出来事を示す。
・第二部：最後に主張や抽象的なまとめを示す。

●例

そもそもスポーツというのは、肉体の鍛錬を行うものである。それによってアスリートが自己鍛錬を行い、種目別に交流し、競争する。そのような肉体の圧倒的なパフォーマンスによって行われる競技を見て世界中の人が感動し、平和的交流を行うのである。ｅスポーツは代理スポーツであって、本来のスポーツではない。肉体の鍛錬を伴わず、肉体の躍動への感動も伴わない。オリンピックにふさわしい競技ではない。

　それゆえ、ｅスポーツがオリンピックの競技に加わることに私は反対だ。

③基本C型

３００字以上の文章を書くときに用いる。したがって、まとまった文章を書くときには常にこの「型」を用いることになる。この「型」は、一部では「樋口式四部構成」と呼ばれている。私が35年ほど前に開発して世に知られるようになったものだ。

なお、基本C型の第三部は、基本A・B型を用いて書かれていると考えてよい。つまり、基本A・B型で書いたものをほぼそのまま使うことができるわけだ。

・第一部：問題提起。設問の問題点を整理して、イエスかノーの問題提起をする。全体の10パーセント前後が好ましい。

・第二部：意見提示。「確かに……。しかし……」という書き出しにすると書きやすい。タレントの政治的発言に反対だと主張したい場合には、「確かに、タレントの政治的発言にも好ましい面がある。たとえば……。しかし、私は反対だ」というように書く。そうすることで、視野を広げ、客観的な論にする。全体の30～40パーセントがふつう。

・第三部：展開。自分の意見の根拠を示す。なお、ここでは「こちらのほうが便利」「こちらのほうが私にとってトク」ということではなく、社会にとって、これからの世界にとってプラスになるかどうかという方向で考える。「理由は2つある」と始めると、書きやすい。全体の40〜50パーセントほどを占める。基本A・B型をここに用いるつもりで書くとうまくいく。

・第四部：結論。もう一度全体を整理し、イエスかノーかをはっきり述べる。努力目標や余韻を持たせるような締めの文などは不要。イエスかノーか、もう一度的確にまとめればよい。

●例

　eスポーツがオリンピックの競技に加わることが議論されているというが、加えるべきだろうか。

　確かに、eスポーツにも高度な技術が必要であり、競技人口も多い。技術や体力、瞬発力が必要だ。そのために、オリンピックの競技に加えるという意見が説得力を持つのだろう。

　しかし、オリンピックの本来の姿を考えると、eスポーツをその競技に加えるべきではない。

　そもそもスポーツというのは、肉体の鍛錬を行うものである。それによって、アスリートが自己鍛錬を行い、種目別に交流し、競争する。そのような肉体の圧倒的なパフォーマンスによって行われる競技を見て世界中の人が感動し、平和的交流を行うのである。ｅスポーツは代理スポーツであって、本来のスポーツではない。肉体の鍛錬を伴わず、肉体の躍動への感動も伴わない。オリンピックにふさわしい競技ではない。

以上述べた通り、私はｅスポーツをオリンピック競技に加えるべきではないと考える。

優れた小論文を書くヒント

まず、優れた小論文を書くには、アイデアを出して問題点を整理する必要がある。そうしてこそ、論が深まる。それをしないまま書き始めると、一方的な浅い文章になったり、途中で論点が定まらなくなったりする。

もちろん本格的な文章を書くには、しっかりと調査し、分析し、思考を重ねる必要があるが、物事を簡易的に分析するには、３ＷＨＡＴ３Ｗ１Ｈを検証してみるといい。

３ＷＨＡＴというのは「それは何か（定義）」「何が起こっているか（現象）」「何がその結果起こるか（結果）」。３Ｗとは、ＷＨＹ（理由・背景）、ＷＨＥＮ（いつからそうなのか、それ以前はどうだったか＝歴史的状況）、WHERE（どこでそうなのか、ほかの場所ではどうなのか＝地理的状況）。そして1Hとは、HOW（どうやればいいか＝対策）。

これらの項目についてざっと考えることによって、大まかにであれ、状況を認識し、考えるためのヒントを得ることができる。

「eスポーツをオリンピック競技に入れてよいか」という課題についてこのメモをとると、以下のようになる。

●定義（「eスポーツ」とは何かを考える）

・「eスポーツ」とは、「エレクトロニック・スポーツ（electronic sports）」の略で、ビデオゲームを使った対戦をスポーツ競技としてとらえる際の名称を指す。電子機器を使う娯楽や競技、スポーツなどのこと。

●**現象（今、「eスポーツ」「オリンピック競技に加える」ということに関して、何が起こっているか）**

・eスポーツは市場拡大。2021年には約1800億円に達するとされている

・2024年のオリンピックに採用を検討されている

・賛成する人・反対する人がいる

・「スポーツといえないのでは？」という声がある

●**結果（オリンピック競技にeスポーツが入ると何が起こる？）**

・お金がかかわるのでは？

・体を動かさないスポーツが盛んになる？

●**歴史的状況（かつてはどういう状況だったか）**

・eスポーツは近年になって盛んになってきた

●地理的状況（日本以外ではどのような状況か）

・欧米ではとくにｅスポーツの国際大会が行われている

●対策（どうすれば良くなるか）

・お金が絡まないように気をつける必要がある

●理由・背景（以上のことを踏まえて、賛成・反対の根拠を考えてみる）

「ｅスポーツをオリンピック競技に加えてよい」という根拠

・高度な技術を要する

・競技人口が多い

・体力・瞬発力が必要

・多様な能力を持つ人間をたたえるべきだ

・経済活性化につながる

「eスポーツをオリンピック競技に加えるべきではない」という根拠

・そもそもスポーツとは肉体の鍛錬を行うものだ。eスポーツはそれに当てはまらない

・eスポーツは代理スポーツであって、本来のスポーツではない

・企業と結びついてしまう。利益誘導になりやすい

・オリンピックを見る人たちが影響を受けて、ゲームに夢中になると不健康になる

3 読解力を鍛える

語彙力を身につけ、文章力をつけてから、そのノウハウを応用して文章を読むと、すっきりと読み取ることができる。

以下の文章を例にとって、読解の基本を説明しよう。

日本の子どもたちは、成績が良いにもかかわらず、概して自信がなかったり、物事に対する積極的な関心が弱いといったことは、早くから注目されていました。たとえば１９８５年当時の調査では、日本の子どもの算数や国語の成績はアメリカの子どもをはるかに上回っていました。ところが、算数や国語について自信があるか、面白いか、もっとやりたいかといったことなどを尋ねますと、日本の子どもの回答はアメリカよりも一様に低いのです。これに類した傾向は、最近の中・高生の生活意識調査でもうかがえます。「自分自身について満足」しているものは半数を割り、自己肯定感の低さが報告されています。同様の結果は中学

生の学力や自信についての国際比較調査でもみられるところです。

　このように有能感が低く、自信をもてないのはなぜでしょうか。ここにはいろいろな背景が考えられます。「自分はできるんだ」「自信がある」などと公言することをはばかる、つまり謙譲という日本的特徴（modesty bias）のせいだという人もいます。

　しかしそれだけではないでしょう。子どもが有能感を味わう機会の乏しいことも一因だと考えられます。人は自分の力でなにごとかを達成できたとき、自分の有能さを確認し自信をもつものです。ごく幼い子どもでさえ、親の力を借りずに一人でやってのけたとき、大満足の表情をみせます。このような自力達成の機会、自分の力を認められる機会が、いま、子どもたちに少なくなっているのではないでしょうか。

　指導法に工夫をこらした学校や塾などが増えています。そこでは、自分の興味で熱中していることは回り道であり、自力で試行錯誤するのは余計なことだといわんばかりに、「よかれ」によって先導されます。学校や塾は「教え方が良い」ことで評価されます。そうした中で、子どもたちには自力で勉強し、その結果「わかった！」「自分でできた」と思える機会は少なくなっています。そこで子どもは、「よく教えてもらったから」「いい塾で教わったから」などと考え、成績の良さの原因を自分にあるとは思えなくなっているのではないでしょうか。

単に勉強の問題にとどまりません。自分にはできる力がある、有能で役に立つ存在だという自己認識は、人間にとって重要な心理的基盤です。できるのに「自信がない」ということを、謙譲の美徳だなどとして見過ごすことはできないと思います。

（柏木惠子『子どもが育つ条件　家族心理学から考える』岩波新書、２００８年より一部改変
〔奈良教育大学・２０１８年度小論文問題〕）

正しく深く読み解く8つの手順

文章を読み取る場合、以下の手順をとることを勧める。読解力のある人は、これらの手順を無意識的に行っているだろう。もし、読解が苦手だと感じているのであれば、少し意識的にこれを行ってみる。そうすると、読み取りが楽になる。

①具体と抽象を解きほぐす

前にも説明した通り、文章は具体と抽象からなっている。それを明確にとらえることによって、すっきりと読み取れるようになる。抽象的な内容が示されたら、次に具体例が示される。逆に具体的な出来事を示されたら、次に抽象的なまとめがなされると考えて読んでいく。少しそのことを意識して読んでみる。

この文章の第1段落だけをとっても、初めに、「日本の子どもたちは、成績が良いにもかかわらず、概して自信がなかったり、物事に対する積極的な関心が弱いといったことは、早くから注目されていました」と語り、次に「たとえば」として、その後に、「1985年当時の調査では」という具体例が示されている。そして、しばらく例を示した後、段落の最後で、「同様の結果は中学生の学力や自信についての国際比較調査でもみられるところです」とまとめられている。

②「確かに……。しかし……」のパターンをつかむ

「確かに……。しかし……」という表現は自分で書くときにも威力を発揮するが、読み

取るときにも重要な要素だ。実は、多くの文章が、「確かに……。しかし……」のパターンを使っている。「確かに、このように語る人がいるが、それは間違いだ」といったように文章が展開される。読解の苦手な人はそれについていけない。

この文章では、第2段落から第3段落にかけて、「確かに……。しかし……」のパターンが使われている。「ここにはいろいろな背景が考えられます」の前に「確かに」を補って考えるとわかりやすい。それが、次の段落の「しかし」と呼応している。つまり、「確かに、いろいろな背景が考えられる。しかし、それだけではない」とつながっている。

このように、表現を解きほぐしていくと、文章のつながりが見えてくる。

③3つの「型」を意識して読む

文章を読んで、まず構成を論理的に解きほぐし、どのような構成で書かれているかを探る必要がある。その場合、前項で説明した「型」を意識して読むとよい。

実際の文章では、段落が2つや3つとは限らない。また、型通りに、「……だろうか。

確かに……。しかし……。なぜなら……。したがって……」という表現は用いられていないことが多い。だが、多くの文章が「型」を応用している。

基本A型を用いて、初めにズバリと示して、その後に、それを具体的に説明していたり、根拠を言ったりしている。または、基本B型によって、逆に先に説明した後に、結論が示されることもある。

多くの場合、基本C型によって、初めに何らかの形でこれから語る内容を示す。「……だろうか」としないで、主張を示すことも多い。また、正面切って問題提起するのでなく、ほのめかすだけのことも多い。だが、これから論じることを読者にわからせる。

そして、「確かに……。しかし……」という言葉は用いなくても、反対意見に考慮するなどしたうえで、自分の意見を示す。その後に、その根拠などを示していく。もちろん、根拠だけでなく、対策や背景などを掘り下げることもある。そのうえで、最後に結論を示す。

このように、「型」を意識して読むことによって、論理的な構成を理解して、読みやすくすることができる。

例として示した文章の場合、第1段落で、日本の子どもたちがアメリカなどよりも自己肯定感が低いことを説明し、第2段落初めに、「このように有能感が低く、自信をもてないのはなぜでしょうか」と問題提起している。ここまでが第一部といってよいだろう。

第2段落の残りと第3段落が第二部にあたる。「確かに、いろいろな背景が考えられる。謙譲という日本的特徴のせいだという人もいる。しかし、それだけではない。子どもが有能感を味わう機会の乏しいことも一因だと考えられる」とまとめられる。

第4段落が「展開」にあたる。「子どもたちには自力で勉強し、その結果『わかった！』『自分でできた』と思える機会は少なくなっている。成績の良さの原因を自分にあるとは思えなくなっている」とまとめられる。

最後の段落が「結論」にあたる。「勉強にとどまらず、自分にはできる力がある、有能で役に立つ存在だという自己認識は重要な心理的基盤だ」とまとめられる。

④キーワードとその意味を正確にとらえる

四部構成に改めてみたら、次にこの文章のキーワードは何なのかを考え、その意味を正確にとらえる努力をする。ほとんどの場合、最も多く出てくる用語がキーワードだ。ただし、そこに特殊な意味が込められている場合があるので、注意する必要がある。文章中にその説明があったら、それをしっかりとチェックする。

この文章のキーワードは「有能感」、そしてもう一つは「謙譲」といえるだろう。

⑤何に反対しているかを考える

文章を書くということは、何かを主張しているということだ。そして、何かを主張しているとは、何かに反対しているということだ。つまり、「……ではない。……なのだ」と、ほとんどの文章は語っている。したがって、その文章が何を言いたいかを理解したかったら、何に反対しているかを考えるといい。主張が曖昧に感じられるときにはとくに、その文章が何に反対しているかを意識的に考えてみると、主張が見えてくる。

この文章は、自分でできたという有能感を味わうことができなくなっている現在の教育について反対している。また、有能感が失われていることを「謙譲の表れ」とみなす考えにも反対している。

⑥主張を把握し、その根拠を整理する

ほとんどの場合、その文章が最も強く反対していることの裏返しが、その文章の最大の主張だ。「○○が良い」という考えに反対している場合、「○○は良くない」と言おうとしていると考えられる。まずはそのような最大の主張を明確にとらえる必要がある。

この文章は、「日本の子どもはもっと有能感を持つような教育を受けるべきだ」と主張している。

⑦要約してみる

主張を読解できたら、もちろん、そこで読む作業をやめてよい。だが、時間的余裕があったら、要約してみるといっそう文章を明確に読解できる。

要約する場合には、37〜39ページで紹介した基本A型か基本B型を用いればよい。基

本A型を用いる場合には、初めにその文章の最大の主張を示して、その後にそれを説明する。基本B型を用いる場合には、説明を先にして、最後に主張を示す。文章をきちんと読み取れていれば、要約をするのは少しも難しくない。

基本A型を用いるか基本B型を用いるかについては、元の文章による。元の文章が初めに主張をしていれば基本A型、主張が最後に出てくるのであれば、基本B型を用いる。

●要約例

日本の子どもは成績が良いのに「自信がない」と考え、「自分に満足」と考えない。その原因として、一つは謙譲の精神があって、自信があると言いにくい状況があるといわれるが、それだけではない。今の子どもは有能感を持つ機会が少ないのが大きな原因だ。学校や塾で先に答えを教える。だから、「わかった」「自分でできた」と思う機会がない。成績が良くても、学校や塾のおかげと考えて、自分は有能だという認識を持てない。

⑧3WHAT3W1Hを検証する

これまで説明してきたことで文章は正確に読み取れたはずだ。基本的には、ここまで正確な意味での読解作業は終了する。だが、文章を書くときと同じように、３ＷＨＡＴ３Ｗ１Ｈを検証してみると、より深く読み取ることができる。

とくに、文章に何かしらの手抜かりがあったり、間違いがあったりする場合も、これらを検証することによって、それに気づくことができる。

たとえば、キーワードの「定義」を考えてみる。ときに、この文章の中での「定義」が曖昧であることに気づくことがある。特殊な意味で使っていることを認識できることもある。あるいは、「現象」を考えてみることによって、その文章が現代の状況とは異なっていることに気づくこともある。

「歴史的状況」や「地理的状況」をチェックしてみて、文章にそれについての見落としがあることに気づくこともある。

この文章について検証してみると、以下のようになる。このように考えると、文中で述べられている、日本の子どもに有能感がないということにも、もっと検証が必要だという意見も生じるだろうし、有能感を持てないのにも、ここに示された以外の要因があるかもしれないことに思い当たる。また、この文章に書かれていることがとても的確であることも理解できるだろう。

●定義（キーワード「有能感」の定義について考える）

・「自分はできる」という意識

●現象（日本の子どもが有能感を持てずにいる状況。あるいはそれに反する状況）

・子どもたちはとくに自分を有能と思っていない
・「ふつうでいい」と考えている
・文中にある通り、自主性が軽視され、押しつけの教育が多い
・算数の掛け算などで教科書通りの解き方でないとバツにされる
・ただし、自主性を重視するアクティブラーニングが増えている

●結果（このままだとどうなるかを考える）

・自信を持てずにストレスを抱えた人が多い社会になる
・大きな業績を上げる人が出てこない

●歴史的状況（かつてはどうだったか）

・かつてはもっと激しい競争社会だったので、今以上に有能感はなかったのでは？
・かつては今以上に詰め込み授業だったので、達成感を持てずに有能感はなかったのでは？
・かつては管理が進んでいなかったので、今より自由にできた？

●地理的状況（ほかの地域ではどうなっているか）

・欧米では「自主性重視の教育」といわれているので、もしかしたら達成感があるのか？
・フィンランドでは「競争しない教育」だというが、それだと有能感がある？

●理由・背景（教育にどのような背景があるか）

・課題文にある通り、日本の教育では、知識を暗記することが重視されている。理解すること、知識を使って自分の意見を発信したり、自分で何かを作り出すことは軽視されている。だから、達成感を持てずにいる

・中学受験があって、競争をしている子どもが多い。自分よりもできる子がいることを思い知らされている。そのために有能感を持てないのでは？

・子どもが社会に出て活動できる力をつけるための教育ではなく、カリキュラムを子どもに押しつける教育になっている

・部活などでも勝つためのスポーツが指導されており、多くの子どもが競争に負けて有能感を得られなくなっている

・日本の子どもはあまり勉強をしないので、努力した経験がない。だから、達成感がなく、有能感を覚えないのではないか

・日本では同調圧力が強く、人よりも優れていることを示したり、それを口にしたりすると、浮いてしまう。だから、自分はみんなと同じと考えるように自分に強いる

・逆に、今は「ほめる授業」が増えて、体罰が禁止され、先生がほめることも増えているので、むしろ有能感を持つ子が増えているかもしれない

●対策

・先生が一方的に教えるのではなく、生徒たちが自主的に取り組めるような授業にする
・自分のアイデアを出し、実際に行動してみることによって、達成感を覚えて有能感を持つ
・子どもたちは人よりも優れているところを見せたり、口にしたりすると、からかわれたり、いじめられたりするのではないかと恐れているので、それをなくす

第二章 下手な文章を読み解く

必要なのは「名文読解」だけではない

私たちは日々たくさんの文章を目にする。本、新聞、ネット上の記事、ＳＮＳの投稿、知人からの手紙、ビジネスメール、会社内の報告書、子どもの作文などなど。

もちろん、この中には文章の達人の書いたものも含まれる。達人ではないにせよ、わかりやすく書かれた文章も多いだろう。そのような文章であれば、とくに問題はない。これまで培ってきた読解力を用いて、すっきりと文章を読み取ることができるだろう。だが、世の中にあふれる文章のすべてがわかりやすいわけではない。なかには、下手な文章、わかりにくい文章がたくさんある。

部下の報告書が意味不明であったり、肝心なことが書かれていなかったり、何を言いたいのかわからなかったりして、頭を抱えているビジネスパーソンは大勢いるのではないだろうか。

現実の生活で必要なのは、名文を読解することではなく、実は下手な文章を読解することだといえるだろう。むしろ、下手な文章を読み解き、何が言いたかったのかを明確にすることのほうが大事なのだ。

そのような読解力が十分でないために、現在どれほどの混乱が起こっていることか。部下の書いた報告書を読み違えたために、大きな勘違いをしてしまったり、そこまでではないにせよ、読み取りに確信を持てないために、長い時間を使って文章解読を行わざるをえなかったりといった経験のある方も多いだろう。

ネット上でも混乱を見かけることがある。しばしば炎上が起こる。多くの人が「お前はこんなひどいことを言った」と批判している。ところが、確かめてみると、発信元の人はそのようなことを書いていないことがある。誤解に基づいて、一方的に非難していることが少なくない。その多くに、書くほうの曖昧さがあり、読み取ったほうの迂《う》闊《かつ》さがある。

いや、下手な文章を読み取ろうとする場合、正確な意味を理解するだけでは不十分だ。なぜ、そのような下手な文章になったのかについても理解するのが望ましい。

その文章を書いた人の知識不足、能力不足によることもあるだろう。その人のある種の思考の癖が反映されていることもあるだろう。あるいは、その人が前提に考えていることが、ほかの人には通じにくいこともあるだろう。また、その人の心の迷いや何らかの配慮が文章をわかりにくくしていることもあるだろう。または、数人で書いた文章で、継ぎ足しになってしまったためにわかりにくくなったこともあるだろう。ときには、書いた本人が隠したかったことが、読み取りによって明らかになることもある。

もちろん、そうしたことまで正確に読み取ることが常にできるわけではないが、それを読み取ることができれば、深い読解になるだろう。それがわかれば、その文章について様々な対応ができる。部下の文章であれば、的確に指導できる。取引先の文章であれば、交渉の手がかりをつかめるかもしれない。私的なやり取りであれば、心の交流につながるかもしれない。

上手なわかりやすい文章は、逆にいえば、書き手の無能力やゆがんだ思考や隠された性格を上手に隠し通した文章といえるかもしれない。下手な文章は、図らずも、そのような欠点を隠しおおせずにあらわになってしまった文章という側面もある。

したがって、上手に読み取ることによって、このような文章に書かれていないことまでも読み取れるといえるだろう。

では、どのようにして下手な文章を読み取るべきなのだろうか。

もちろん、基本的には、上手な文章を読むのと同じように考えてよい。つまり、以下のように考える。

①具体と抽象を解きほぐす
②「確かに……。しかし……」のパターンをつかむ
③３つの「型」を意識して読む
④キーワードとその意味を正確にとらえる
⑤何に反対しているかを考える
⑥主張を把握し、その根拠を整理する
⑦要約してみる
⑧３ＷＨＡＴ３Ｗ１Ｈを検証する

ただし、下手な文章の場合、それらに欠点があって、うまく伝わるように書かれていないことが多いので、補足しながら読み取る必要がある。

その場合、実際に読み取るために大事なのは、下手な文章のパターンを知っておくことだ。私はこれまでたくさんの下手な文章を読み、これまで10万通以上の添削をしてきたが、そうしながら気づくのは、下手な文章にはパターンがあることだ。多くの人が同じような傾向の下手な文章を書く。多くの人が同じような失敗をする。そうであれば、前もって下手な文章のパターンをより多く知っておくことは、読み取りを正確にするために役に立つ。

もちろん、実際の文章には一つだけの欠点があるわけではない。たくさんの欠点が複合的に重なってわかりにくくなり、意味不明になっている。だが、解き明かしていくと、いくつかの典型的なミスが根本にあることが見えてくる。

そのようなわけで、以下、下手な文章の典型的なパターンを示すことにする。そして、そのような文章はどこに欠点があるのか、それを正確に読むにはどのように補足して考えればよいのか、そこに表れる書き手の意識の流れはどのようなものなのかを考えてみる。そして、そののちに、複数の欠点がある文章を示し、それらがどのように絡み合っているかを見ることにする。

単純なミスだらけの文章

最も下手な文章というのは、誤字や変換ミス、文法的な間違いなどが多く、主語述語がかみ合っていなかったり、文が切れることなく、だらだらと一文が続いたり、主語や目的語が曖昧で、誰の行為を書いているのかわからないような文章だ。

もちろんこのような文章を書くビジネスパーソンはそれほど多くはないが、場合によって、つい気を抜いてメールなどで書いてしまうことがある。あまりに理解不能なために、読み手は頭を抱えることになる。

●悪い例1

S社の営業係長のTさんと話したが、私たちの提案について受けれないけど、岡山支社設立についてはありなので困っているのですが、これで通してよいのかを係長に確認したら、

――やはり少し待ってほしいというので、待ってから電話で連絡します。

日常会話の中では、このような内容はふつうに語られているだろう。口頭で語るのであれば、「受けれる」という「れる・られる」の誤用も十分に許容範囲だろうし、一文が長いのもとくに気にする必要はないだろう。「話したが」という常体（「だ・である」調）で始めたのに、途中から敬体（「です・ます」調）に変わることもよくあることだ。

口頭で話す場合には、相手が疑問に思えば、その場で質問できる。語っている側も、相手の様子を見てきちんと理解できているかどうかを確認できる。相手との阿吽《あうん》の呼吸で交わされるので、不備はたくさんある。だから、会話ではこれで十分に成り立つ。だが、口頭で語るのと同じような内容を文章として書くと、意味不明になってしまう。読み手が同じ体験を共有していないと、このような文章は理解できない。

この文章では、多くの主語や目的語が省略されている。話し合われた内容が語られているが、誰が語ったのか、どのように語ったのかも明確ではないので、読む側としては、いちいちそれを補って考えなければならない。

このような文章を読解するときには、以下のことに注意して再構成していくしかない。

・「誰が」「何を」「何について」を補う。書いた本人にだけわかっているために、ふつうではありえないような省略が行われることがあるので、とくに注意が必要だ。

・この種の文章を書く人は、英語でいわれるような直接話法と間接話法をきちんと使用しないために、わかりにくいことが多い。直接話法を使う場合にも、「　」を使わないことが多い。したがって、「　」を補って、どこからどこまでが誰の発言なのかを明確にする。これを取り違えると意味が大きく変わることがあるので、注意が必要だ。

・いうまでもなく、文章の場合、常体と敬体を交ぜないのが原則なので、書き手は注意しなくてはいけない。読み手もそれをうまく補いながら読み取る必要がある。

・「けど」「ついてはあり」などの俗語表現が頻出することがある。そのような用法を知っておかないと、意味を取り違えることになる。

・この文章に「営業係長のTさん」「係長」という登場人物が現れるが、文脈から考えて、どうも二人は別の人物のようだ。このタイプの文章を書く人は、「課長」「先輩」「先生」「おにいさん」「おとうさん」などという地位や関係を示す同じ肩書きを複数の人に使って混乱させる傾向があることも頭に入れておく必要がある。

この文章を補って読み取ると、次のようになるだろう。有能な読み手は以下のように頭の中で補正しながら、この文章を読み取ることになる。

●**補足修正例**

S社の営業係長のTさんと話したのですが、私たちの提案について「S社としては、その提案は受け入れないが、岡山支社設立については受け入れることも考えられる」との返事でしたので、困っています。わが社として、S社が一部のみ受け入れるという形でこのまま進めてよいのかを私の上司の係長に確認したら、「協議する必要があるので、結論は少し待ってほしい」ということでした。結果を待ってから、私からそちらに電話で連絡します。

とはいえ、よほど体験を共有している場合を除いて、これほど省略が多いと文章として成り立っていないので、現実には正確に読み取るのは難しい。

むしろ、このような文章から読み取れるのは、それを書いた人が、どれほど文章を書き慣れない人間であるか、どれほど読書体験が少ないかだ。場合によっては、多くの人が、この書き手が知的な仕事を任せられるほどの能力を持っていないということを読み取ることになるだろう。

具体例がだらだらと続く文章

下手な文章で最も多いのが、具体・抽象に難のある文章だ。前にも説明した通り、具体と抽象を織り交ぜて初めて読み手に伝わる。それをうまく配分できないと、どうしても、わかりにくい文章になる。

したがって、読み手は、一読して、すんなりと意味が通らないときには、まず具体・抽象を解きほぐしながら読んでいく必要がある。意識的に、その部分が具体を語っているか抽象を語っているかを考え、不足を補っていく。そうすることによって、正確に読み取ることができる。

●悪い例2

S社を訪問しましたが、無人の受付口にタブレットが設置されており、そこで行き先をタッチすると担当者が応答するようなシステムでした。担当のSさんと専用のブースで二人で商談しました。Sさんはタブレットを手にして、打ち合わせ内容を打ち込んでおられました。タブレットに打ち込んだ内容はほかの担当にも共有されていたかもしれません。30分ほど打ち合わせをした後、電車で帰社しました。途中、遅い昼食をとりましたが、私が会社に到着したところ、先方から前向きに考えたいという返事がすでに届いていました。

この文章を読んで、多くの人が「何を言いたいのだろう?」と首をかしげるに違いない。なぜそうなるのか。いうまでもなく、ここには具体的な事柄が続くばかりで、抽象化がなされていないからだ。抽象化した事柄が入らなければ、いわゆる「オチのない話」になってしまう。この文章はまさにその典型だ。

このような文章の場合、読み手としては、書き手が抽象化を怠っていることをしっかりと認識し、意識的に抽象化してみる。その場合、具体的な内容を手掛かりにして、書き手は何を言いたくて具体的な事柄を示しているのかを類推するわけだ。

そうすると、「無人の受付口にタブレット」「行き先をタッチすると担当者が応答するようなシステム」「Sさんはタブレットを手にして、打ち合わせ内容を打ち込んで」「タブレットに打ち込んだ内容はほかの担当にも共有」「返事がすでに届いていました」というように、訪問先のＩＴ環境と手際の良さに注目していることに気づくはずだ。

要するに、この文章が言おうとしているのは、どうやら、「S社を訪問しましたが、大変機能的に動いている会社だという印象を受けました」ということのようだ。書き手は、そのことを最初か最後に示すべきなのだが、文章を書き慣れていないためにそれを怠っているのだろう。

このような文章を書くのは、抽象化すべき内容に、書き手自身が気づいていないため、という場合がある。あるいは、気づいていても書き忘れていることもある。あるいは、ときにはあえて具体的に書いて、抽象化される内容を読み手にわかってもらいたいと思っている場合もあるだろう。

意識的にこのような書き方をしたのではなく、このような書き方しかできない人は、抽象化の苦手な人である場合が多い。理論的にものを考えずに、その場その場で相手に対応しようとするのだろう。したがって、あまり知的とはいえないタイプかもしれない。

このような文章から、その点を読み取る必要がある。

抽象的で具体例のない文章

次のような文章もよく見かける。

●悪い例3

M支社のスタッフとともにM公園で開催されるイベントの準備をしてきましたが、M支社のスタッフの不手際にあきれました。いくつかの取引先の担当者もあきれたようで、次回の参加は再考するとまで言っていました。こんな有り様では、先が思いやられます。S係長も私と同じように不満をお持ちのようでした。課長からM支社に強い叱責をお願いします。

もし、この文章が、あえて具体的な内容を示さずに抽象的に語って上司の危機意識を高め、具体的に何があったのかを早急に調べるように促そうとする文章なら、これでよい。しかし、そのような意図のない報告書だとすると、下手な例といえるだろう。

この文章は、悪い例２とは正反対に、「スタッフの不手際」と言いながら、その説明がないので、具体的にどのようなことなのか、読み手に伝わらない。これでは、本人にはわかっているのかもしれないが、情報を共有していない人には理解できない。

読み手は、抽象的な部分を読みながら、「きっとこんなことがあったのだろう」と、これまでの体験から具体的な内容を推測して読み取るしかない。現実の状況を知っているとすれば、「あのＭ君のいる部署なので、うまく伝えていなかったのではないか」などと補足して考えることになるだろう。「いくつかの取引先の担当者もあきれた」「Ｓ係長も私と同じように不満」ということを手掛かりにし、想像して、たとえば以下のように補足して理解することになるだろう。

●補足修正例

M支社のスタッフとともにM公園で開催されるイベントの準備をしてきましたが、M支社のスタッフの不手際の多さに驚きました。新機種の説明が中心なのに、それについてスタッフがきちんと勉強しておらず、せっかくおいでくださった取引先の担当者の質問にまったく答えられない状態でした。資料も作っておらず、本社から私が持ち寄ったパンフレットのみでの説明しかできませんでした。そのため、取引先のK社とT社の担当者から、もっと詳しく説明を聞けるイベントはないかと質問されるほどでした。こんな有り様では、先が思いやられます。S係長も私と同じように不満をお持ちのようで、今私が記した件につきまして、各自の感想を確認しました。課長からM支社に強い叱責をお願いします。

抽象的な文章を書く人には2種類がいる。一つのタイプは知的で、抽象的な思考に慣れており、具体的な例がなくても理解できる人だ。具体的な事柄を余計なことと感じており、抽象的な言葉で仲間と語り合う。理系の人にこのタイプが多い。

もう一つは、具体的な内容を記述することができないタイプだ。具体的な出来事を言葉を用いて描くことができない。漠然としたことを語るだけで、詳しく説明できない。第1のタイプは知的であることが多いが、第2のタイプはそうではない。具体性のない文章を常に書く人間がいたら、そのどちらのタイプなのかを見極める必要がある。だが、いずれにしても、具体性の不足する文章を書く人間に対しては、それが具体的にはどのようなことを指しているのかを説明してくれるように指示して、補っていくしかない。

具体例が適切でない文章

具体例がなかったり、抽象的な説明がなかったりするだけではない。もっと厄介な文章も多い。私は大学在任中、多くの大学生や受験生の文章を見てきたが、以下のようなタイプの文章がかなりあった。

●悪い例4

私の長所は、どんな人とでもすぐに仲良くなれることです。大学生活においてサークルに所属していました。そこで私は、重要な役割を任されて、メンバーとの連絡係をしました。なかなか連絡がとれなかったり、参加しない人が多かったりして苦労しました。しかし私はどんなときにも明るさを忘れないでがんばってメンバーをまとめました。そして、みんなと仲良くなりました。

漫然と読んでしまうと、なんだか意味不明の文章だが、これも、抽象と具体を意識して読むと、そのずれや書き手の意識にすぐに気づくだろう。

初めに、「どんな人とでもすぐに仲良くなれる」という自分の長所を抽象的に示したのだから、その後にそれを示す具体例が書かれるはずだ。きっと、書き手もそのつもりで書いているのだろう。ところが、その後、苦労話が始まる。しかも、それは連絡に苦労したという話であって、どう考えてもどんな人とでもすぐに仲良くなれる人の行動とは思えない。

つまり、書き手は例を示そうとしているのだが、それが適切な例になっていない。きっと書き手の体験の中に、適切なものがなかったのだろう。そして、本人も書き進めるうち、ふと自分でも話がずれたことに気づいたらしい。最後になって苦し紛れに、「みんなと仲良くなりました」という辻褄《つじつま》合わせをしている。

読み手としては、抽象・具体を意識して読むことによって、この文章の例のずれを読み取り、そのうえ、この文章を書いた本人が、「コミュニケーション力がある」と少々見栄を張って書いたものの、現実にはそうではなくて、むしろ苦労話になってしまったというこの文章成立の事情を読み取ることになる。しかも、この書き手の論理的な思考力の弱さもまた理解するだろう。

このように、具体例が抽象的な内容と異なっている場合、3つのタイプがある。第1は、この文章の書き手のように、実際には抽象的にまとめたことについての具体的な体験がないタイプだ。実際に体験がないので、具体例を書けない。書こうとすると、ずれてしまう。

第2は、具体的体験があるのに、それを整理できていないために、すぐには文章化できないタイプだ。すぐにできないだけでなく、なかには実際に体験しているのに、それを認識していないために、いくら考えても思いつかない人がいる。

第3のタイプは実際の体験があるものの、その出来事の印象が強いために、書き始めると具体的体験に引きずられてどんどんと膨らんでいってしまうタイプだ。

この3つのタイプのいずれもあまり知的ではない。そのことも読み手としては頭に入れておく必要があるだろう。

肝心な情報が抜けている文章

次に示すのは、肝心の情報が書かれていないために意味不明になっている文章だ。だが、これも具体と抽象を意識して読むことによって、正しい読解に近づくことができるだろう。

●悪い例5

2019年の10月に中国の習近平国家主席がインドを訪問したとき、インドの学生たち2000人全員がお面をかぶっていたという。写真を見たが、確かに恐ろしい光景だ。インドの学生たちは悪意を持っていたのかと思ったら、そうではなく、純粋に歓迎のつもりだった

――という。これについてもっと報道してほしいものだ。

この文章を一読して、事態が呑み込めずに困ってしまう人が多いのではないだろうか。文中には「恐ろしい光景だ」とあるが、読んでいる人間にはそれが伝わらない。そもそも、「2000人全員がお面をかぶっていた」とあるが、どんなお面なのかわからない。抽象的な表現がなされているが、その具体的な説明がない例といえるだろう。

したがって、読み手がこれを読み進める場合、まずは文中にある抽象的な要素から、具体的な出来事を意識的に類推するしかない。

手掛かりとなるのは、「恐ろしい光景」という表現と、「悪意を持っていたのか」という表現だ。よほど衝撃的な場面だったと考えられる。いったいどのようなお面なのか。インドの神々のお面なのか。だが、「歓迎のつもりだった」とある。このような要素を総合して類推する。

そうすると、多くの人が、「もしかしたらこのお面というのは、習近平のお面ではないか」と思い当たるのではあるまいか。習近平国家主席の写真のお面を2000人がかぶっていたら、それは「恐ろしい光景」であり、「悪意を持っていたのか」と疑いたくなり、「歓迎のつもりだった」という内容も辻褄が合う。

実際、このときにインドで起こったのは、２０００人が、どうやら善意で同じ習近平国家主席の写真のお面をかぶって歓迎したという出来事だった。

補足しながら読み取ると、以下のようになる。

●補足修正例

２０１９年の10月に中国の習近平国家主席がインドを訪問したとき、インドの学生たち２０００人全員が同じ習近平国家主席の写真のお面をかぶっていたという。写真を見たが、確かに同じ顔がずらりと並ぶのは恐ろしい光景だ。インドの学生たちは悪意を持っていたのかと思ったら、そうではなく、純粋に歓迎のつもりだったという。これについてももっと報道してほしいものだ。

このように肝心な情報を伝えていないために、読んでいる人にまったく伝わらないような文章が少なくない。書き手はつい、自分にとってわかりきっていることなので、黙っていても理解してもらえると思って説明するのを怠ってしまったのだろう。あるいは、初めはきちんと説明していたのに、その後、何度か書き直すうちについ削ってしまったということもあるだろう。または、具体的に書きすぎると何らかの差しさわりがあると考えて、あえてぼかしたというようなことも、場合によってはあるだろう。だが、いずれにしても、読み手に十分に伝わらないのでは文章として好ましくない。このようなミスを一度や二度おかすだけなら単なるケアレスミスとも考えられるが、しばしばこのような文章を書くとすれば、書き手は客観的な視野に欠け、思い込みが激しい人間という判断を下されるだろう。少なくとも、読み手はこのタイプの文章を読んで、そのように読み解くことになる。

「確かに……。しかし……」が整理されていない文章

多くの場合、書き手は、「確かに、ほかの考え方もあるだろう。しかし、私の意見が最も正しい」という形で文章を進めていく。とりわけ、私の勧める基本C型の書き方で

は、そのように譲歩したのちに、自分の意見の根拠を語るのが原則だ。文章を読み取るときも、それを頭に入れながら読んでいく。

ところが、下手な文章は、「確かに……。しかし……」が曖昧で、文章の「型」も崩れて、意味不明になってしまうことがある。文章を書き慣れない人は、意識的に「確かに……」と考えるのではなく、脈絡なく反対意見を思いついて、それを書き加えるので、文章全体が未整理になっていく。

そのようなとき、「確かに……。しかし……」がどのように使われているかを意識的に追いかけると、「型」も見えてきて、全体がすっきりと読み取れることがある。

次のような文章は、ネットでもしばしば見かける。文章を指導している際に、生徒に書いてもらっても、このような文章に出会うことが多い。

●悪い例6

SNSでタレントが政治的な発言をすることが問題になっているが、タレントが自分の意見を言うことに問題があるとは思えない。ただ、タレントの多くが政治的に成熟した考えを持っているとは限らない。そのタレントが政治をきちんと理解しないまま、思慮の浅い発言をすると、それをうのみにするファンも出てしまう恐れがあるのだから、慎重でなければならない。だが、タレントの発言がきっかけになって多くの人が政治問題に関心を持つようになったら、もっと良い社会になるだろう。しかし、タレントは人気商売なので、イメージを重視することになって、浅い意見しか言わないのではないだろうか。

一読しただけでは、何を言おうとしているのかわからないと感じる人が多いのではないか。ほとんどの人が、二度、三度と読み返すだろうと思う。

その際、「確かに……。しかし……」というパターンを頭に置いて読むと、書き手の意識が見えてくる。そして、私が提唱している基本C型を意識して読むと、すっきりとこの文章の骨格とその失敗のあり方が見えてくる。

この文章は、初めに「ＳＮＳでタレントが政治的な発言をすることが問題になっているが……問題があるとは思えない」と書いて、問題提起をしている。最初に主張を示す形をとりながら、これから語ることについて問題提起している。そして、その後、以下のように文章を展開する。「確かに……。しかし……」という表現を補って考えるとわかりやすい。

「（確かに）タレントの多くが政治的に成熟した考えを持っているとは限らない。そのタレントが政治をきちんと理解しないまま、思慮の浅い発言をすると、それをうのみにするファンも出てしまう恐れがあるのだから、慎重でなければならない。だが、タレントの発言がきっかけになって多くの人が政治問題に関心を持つようになったら、もっと良い社会になるだろう。しかし、タレントは人気商売なので、イメージを重視することになって、浅い意見しか言わないのではないだろうか」

つまりこの文章は、初めにタレントがＳＮＳで政治的発言をすることについて肯定的な意見を示し、その後、「確かに……。だが……。しかし……」という形になっている。書いていくうちに、態度が逆転しているわけだ。そのために、わかりにくくなっている。

きっとこの人は、タレントの発言を肯定する立場と否定する立場の両方の間で行ったり来たりして、どちらが好ましいか決断できずにいる。書いた人の迷いをこの文章から読み取ることができる。

とはいえ、書かれている内容から考えて、どうやらこの人は、「タレントが政治的発言をするのは良くない」と考える側に寄っているようだ。

読み手としては、順番を入れ替えて、以下のように改めて読み取ると、すっきりする。

●補足修正例

SNSでタレントが政治的な発言をすることが問題になっているが、タレントが自分の意見を言うことに問題があるとは思えない。確かに、タレントの発言がきっかけになって多くの人が政治問題に関心を持つようになったら、もっと良い社会になるだろう。しかし、タレントの多くが政治的に成熟した考えを持っているとは限らない。そのタレントが政治をきちんと理解しないまま、思慮の浅い発言をすると、それをうのみにするファンも出てしまう恐れがあるのだから、慎重でなければならない。しかも、タレントは人気商売なので、イメージを重視することになって、浅い意見しか言わないのではないだろうか。

対立軸が不明確な文章

もっと極端な例として、次のような文章もしばしば見かける。

●悪い例7

　夜、電車に乗って塾から帰る小学生をよく見かけるが、勉強するのは大変だろうなと思う。学校の勉強で足りないことを補ったり、学校では習わない高度な学習をしているのだろう。

　こうすると、勉強のできる子がえらくて、できない子が劣っているという意識が強まりそうな気がする。それに、学校と塾の両方の勉強をこなすと、睡眠時間や外で遊ぶ時間が減って、きっと体の成長途上にある小学生の健康に良くないだろう。でも、塾のほうが一人一人の子どもに合った指導で学力を伸ばすことができるので、余裕のある家庭では子どもを塾に通わせたがるだろう。私も通ったことがあるが、学校で質問できないことも質問できて、とても役に立った。だが、家族とゆっくりしたり、学校の友達と思い切り遊ぶ時間がなくなって残念な思いをした。それでも、学校以外の塾の友達ができて、遠くまで遊びに行った楽しい記憶もある。塾で何でも教えられると、考える力や自分で解決する力が落ちるかもしれないと言われたことがあるが、むしろ、塾の勉強のために好奇心を刺激されて、自分で考えたり、自分で勉強したりする意欲が増えた気がする。ただ、学力だけが大事という感覚が小学生のころから植えつけられて、学力以外の価値が認められない社会になってしまうのが心配だ。でも、塾通いの子を見るとがんばってほしいと思うのだ。

　これを読んで、多くの人が、「あまりに未整理だ」という印象を受けるだろう。塾通いの小学生を見て頭に浮かんだことをそのまま書いているのだろうが、話が行ったり来たり、同じことが繰り返されたりして、読むほうも頭が整理できない。塾通いの良い面と悪い面の両面を並べているが、その対立軸をとらえておらず、それを整理できていない。

　読み取るときは、対立点を明確にするのが望ましい。その際、「確かに……。しかし……」を明確にすると、すっきりまとまるだろう。

　この書き手は、基本的には塾通いを肯定的にとらえているようだ。そうであれば、読み手としては、「確かに塾通いには良くない面がある。このような面だ。しかし、良い面が多い」というように整理して読むと、すっきりする。また、いくつもの要素を示すことになるので、「問題点は3つある。第1に……」などと具体例を整理して示すのが望ましい。

うまく整理すると、以下のように基本C型の文章に改めることができる。

●補足修正例

夜、電車に乗って塾から帰る小学生をよく見かけるが、勉強するのは大変だろうなと思う。学校の勉強で足りないことを補ったり、学校では習わない高度な学習をしているのだろう。

確かに、塾通いには悪い面がある。学校と塾の両方の勉強をこなすと、睡眠時間や外で遊ぶ時間が減って、きっと体の成長途上にある小学生の健康に良くないだろう。また、学力だけが大事という感覚が小学生のころから植えつけられて、学力以外の価値が認められない社会になってしまうのが心配だ。しかし、小学生が塾に通うのは良いことだと私は思う。

塾のほうが一人一人の子どもに合った指導がされるので、各々のレベルに応じて学力を伸ばすことができる。私自身も、学校で質問できないことも質問できて、とても役に立った記憶がある。塾で何でも教えられると、考える力や自分で解決する力が落ちるかもしれないと言われることがあるが、むしろ、塾の勉強のために好奇心を刺激されて、自分で考えたり、自分で勉強したりする意欲が増える機会も多い。学校内での友達と遊ぶ時間が減った反面、学校以外の塾の友達ができて、遠くまで遊びに行った楽しい記憶もある。

塾通いはプラスのほうが多いように私は思う。

キーワードの定義が曖昧な文章

文章を書くとき、キーワードを明確にし、その意味をきちんと示す必要がある。読み取るときも、キーワードを探し、その意味を確定させる。ところが、文章を書き慣れない人はそのような意識がないので、失敗してしまう。

したがって、下手な文章を読み取るとき、キーワードを探し、それにどのような意味づけをしているのかチェックする必要がある。そして、それがうまくできていないときには、補足して読み取らなければならない。

●悪い例8

自負を持つことは大事です。自負があるから、自分らしく生きていこうと思えるのです。ところが、最近、自負を持っていない人が多いですね。だから、自分自身で判断できない。自負さえ持っていれば、プライドだけ高くて、人の役に立たない人間にはならない。地味なことをするのを嫌って、人に批判されると、すぐにめげてしまう。自尊心だけで世の中を渡っていこうとする。だから、私は自負を持てと呼びかけているのです。

多くの人がこの文章を読んで、意味を理解できずに頭を抱えるだろう。この文章が意味不明である理由は、「自負を持て」と語っているのに、「自負」とは何かの定義が明確にされていない点にある。しかも、「プライド」「自尊心」というよく似た言葉が現れ、それらが否定的に扱われるが、それが「自負」とどう異なるのかの説明もない。

このような文章を読むとき、まずキーワードを取り出し、その意味を明確にすることだ。この場合、「自負」「プライド」「自尊心」がどのような意味なのかを、辞書的な意味だけでなく、文章の前後から考える。このような文章を書く人は、必ずしも論理的に思考しているわけではなく、曖昧であったり、自分本位であったりするので、それを考慮に入れて、ある程度意味を確定させる必要がある。そうしたうえで、言いたいことを考えなければならない。

この文章では、「自負があるから、自分らしく生きていこうと思える」「自分自身で判断する」という。また、「プライド」の高い人と違って、「人の役に立つ。地味なことをするのを嫌わない。人に批判されてもすぐにはめげない」ということになる。

明確にされていないので曖昧だが、この人はどうやら、「自負」というものを「他人の目を気にするのではなく、自分には自分らしさという価値がある」という考えとしてとらえているようだ。だから、人に批判されてもめげず、人からうらやましがられるような華やかな仕事でなく、地味な仕事でも続けられると考えているのだろう。

このような文章を書くのは、論理的にものを考えず、独りよがりの考えを振り回すタイプの人が多いだろう。ときに自分では高度なつもりで粗雑な理屈をこね回すこともある。読み手としては、書き手の心的傾向を読み取ったうえで、定義をしっかりさせなければ文章として成り立たないことを説明する必要があるだろう。

この文章を読むとき、以下のように補足して読み取るのが好ましい。

●補足修正例

自負を持つことは大事です。私が「自負」と呼ぶのは、「他人の目を気にするのではなく、自分には自分らしさという価値がある」と考えて、自分自身に誇りを持つことです。自負があるから、自分らしく生きていこうと思えるのです。ところが、最近、自負を持っていない人が多いですね。だから、自分自身で判断できない。自負をしっかりと持っていれば、プライドだけ高くて、人の役に立たないような人間にはならない。私が「プライド」と言っているのは、自分を他人と比べて、自分のほうが優れているところを見つけて誇るような気持ちです。そのようなプライドの高い人は、地味なことをするのを嫌って、人に批判されると、すぐにめげてしまう。自尊心だけで世の中を渡っていこうとする。だから、私は自負を持てと呼びかけているのです。

何に反対しているのかわからない文章

繰り返し述べている通り、文章を読み取るとき、それが何に反対しているのかを明確にすることが大事だ。

何かを報告するだけの文章の場合には、何に対しても反対しないで中立的に書いていることもあるが、意見を示すときには、必ず何かに反対している。ところが、下手な文章では、それが曖昧になっている。

日本人は何かに反対するのに抵抗を感じるらしい。悪い例7もそのような傾向があったが、自分の意見を言うと、すぐにその反対意見が頭に浮かんで、それに迎合してしまう傾向がある。反論を受けるのが怖くて、ぼかしたり、自分の意見を言わずに済ませたりする。

したがって、きちんと読み取るには、たとえ、それを文面に出していなくても、書き手が何に反対しているかを明確にする必要がある。

●悪い例9

難読漢字がテレビのクイズ番組で出題されている。百日紅《さるすべり》や蒲公英《たんぽぽ》のような植物の名前を

> 漢字で読めるかどうかを、東大などの難関大学出身の人々と芸能人とで競い合うような番組である。このような漢字を読めることにいったいどんな意味があるのかわからないとは強く思うが、それなりの視聴率をとって人気番組になっている。先日は、玉蜀黍《とうもろこし》という漢字を工業高校を卒業した芸人が読めて、現役東大生が読めないということが起こった。その芸人さんは漢字の形から空想して答えたとのことだった。

明らかにこの文章は、難読漢字クイズなどのテレビ番組が良いか悪いかを問題にしている。そして、前半は否定的に思われる。ところが、「人気番組になっている」という部分からぼやけてしまう。この文章が何に反対し、どの立場に立っているかが不明確だからだ。

このような文章を書くのには2つの場合がある。一つは、そもそも意見を持たない人が書く場合だ。謙虚であったり、そもそも物事を評価する能力がなかったりで、意見を持てない人がいるものだ。そのような人の書く文章がこのような傾向を持つ。

もう一つは、自分の意見は持っているが、それを示すのは好ましくないと考えて、あえて意見を伏せている場合だ。意見を言ってしまうと差しさわりが出ると判断している場合もあるだろうし、今回については意見を示すことが求められていないと判断している場合もあるだろう。

　この文章を読み取る場合、この人がどちらの立場により近いかを判断する必要がある。そう考えると、後半に示される通り、工業高校出身者が現役東大生を出し抜いたのを喜んでいるようだ。つまり、この文章は、基本C型に近い形で論じられており、「確かに、このようなクイズ問題には意味がないように思える。しかし、面白い」という視点で書かれている。そして後半、この番組の面白さの例として、一つのエピソードを示したということだ。

　とすると、以下のように補足して理解するべきだろう。基本C型を用いて書き改めると、この人の言おうとしていることがすっきりとまとまるだろう。

●補足修正例

—難読漢字がテレビのクイズ番組で出題されている。百日紅や蒲公英のような植物の名前を漢字で読めるかどうかを、東大などの難関大学出身の人々と芸能人とで競い合うような番組である。（では、このような番組は好ましいのだろうか。）（確かに、）このような漢字を読めることには意味がない、これを競い合ってもつまらないなどと言う人もいる。（しかし、）それなりの視聴率をとって人気番組になっている。私もこれをとても面白いと思う。昔の日本人の知恵に感心することが多い。先日は、玉蜀黍という漢字を工業高校を卒業した芸人が読めて、現役東大生が読めないということが起こった。その芸人さんは漢字の形から空想して答えたとのことだった。漢字が人間のイマジネーションをとらえていることを示すエピソードとして面白いと思った。

反対している意見がすり替わっている文章

次のような文章もよく見かける。これもまた何に反対しているのかが曖昧になっている例だ。

●悪い例10

小学校低学年のうちから学校で正式に英語を指導するべきだという意見があるが、その通りだと思う。それに反対している人がいるなど信じられない。これから日本語だけでは世界に太刀打ちできない。英語の力をつけることが大事だ。それなのに、ほとんどの日本人は中学・高校と6年間英語を勉強するが、少しも話せるようにならない。今では、小学校5年生から英語の勉強が始まるようだが、それでも話せるようになるとは思えない。話せるようにするには、英語の勉強をしっかりすることが大事だ。

この文章は、「小学校低学年から正式に英語を指導するべきだ」と主張し、初めに「それに反対している人がいるなど信じられない」と書いている。したがって、この人は、「小学校低学年から英語を勉強する必要はない」という意見に反対しているはずだ。

ところが、この後、単に「英語が大事」という話になってしまう。つまり、「英語は大事ではない」という人に反対しているかのような文章になっている。途中で論敵を見失ってしまって、別のことを語っているわけだ。的外れな議論をしているといってもよいだろう。

このような文章を読み取る際、「何に反対しているのか」を意識していれば、そのずれにすぐに気づく。そして、この文章のある種のごまかしに乗らずに済む。

このような文章を書くのは、2つの場合が考えられる。一つは、一貫して論理を明確にできず、的外れに思考するタイプの人が書いてしまう場合だ。もう一つは、きちんとした思考力を持っている人が、論をすり替えたりごまかしたりしようとしている場合だ。もちろん、反対する点を取り違えずに書いていれば、「小学校のころには英語よりも、日本語の力をつけることのほうが大事だ。小学校では、日常生活の基本を教えるべきだ」「小さいころに外国語を教えると、母語があやふやになり、日本の価値観が育たなくなる恐れがある」「小学校で正式科目にしても、教えられる先生が少なく、むしろ良くない発音が身についてしまう」などの反対意見を理解したうえで、「小さいころから外国語を身につけるほうが、言葉に対して敏感になる」「小さいころから耳で英語を覚えてこそ、使えるようになる」といった論を展開する必要がある。

優秀な読み手であれば、本来どのようなことを書くべきだったかを想定しつつ、この書き手のずれを認識し、どのような理由で、どのような能力によってそのようになったのかを理解するのが望ましい。

意見の根拠が示されていない文章

もう一つの典型的な文章を読んでいただこう。

●悪い例11

電車の中で化粧をして何が悪いんだと居直る人がいる。だが、電車の中での化粧が悪いことだというのは、当たり前のことだ。それはそんなことをするのが恥ずかしいことだからだ。多くの人に迷惑なのは当たり前だ。化粧をする人がいると、誰もが不愉快に思う。平気なのはそれをしている人だけで、人前で口紅を塗っているのを見ると、あきれてしまう。本人は恥ずかしいと思わないのだろうか。

実はこのような文章が巷《ちまた》にあふれている。この文章を読んでとくに違和感を抱かない人は、きっとふだんからこのような文章を書き、このような思考をしている人だろう。

この文章は、「電車の中で化粧をするのは悪くない」という問題を取り上げて、それに反対しようとしている。したがって、その後に、電車の中での化粧がなぜ良くないのかを説明する必要がある。

ところが、この文章では、「恥ずかしいこと」「迷惑」「不愉快に思う」と書くばかり。これらは、良くないという理由を説明していない。「良くない」と言いたいのなら、「電車の中で化粧してもよい」という反対意見の根拠を否定して、なぜそれが誤っているのかを納得させなければならない。

電車の中の化粧は悪くないと思っている人は、「恥ずかしくない」「迷惑ではない」「不愉快に思うのは、一部のわからずやだけだ」などと思っている。そのような人に対して、「なぜ恥ずかしいと言えるのか」「なぜ迷惑なのか」「なぜ不愉快に思う人が多いのか」を語る必要がある。

相手に届くように反論するには、「電車という公的な場所で私的なことをするのはマナー違反だ」「化粧をすると、匂いや粉末に敏感な人に被害を与えることがある」「アンケートによって多くの人が不愉快だという意見を寄せている」といったことを説明する必要がある。

それをしないで、一方的に決めつけては、「なぜそうするか」ときかれて、「そうするからそうする」と答えているに等しい。「おいしいからおいしい」「好きだから好き」と答えているようなもので、まったく説得力を持たない。

このような文章を書く人は、反対意見を持つ人間がいることを理解できないのだろう。善悪がはっきりとあり、それを自分が理解していると考えている。それ以外の価値観があるとは思ってもみない。

読み手としては、このような文章からは、そのような書き手の精神的な傾向を読み取るべきだろう。

3WHAT3W1Hを検証していない文章

文章を書くとき、読むときには、３ＷＨＡＴ３Ｗ１Ｈを検証してみると、文章が正確になり、話が深まる。そこに不備があると、説得力のない文章になる。下手な文章を読むとき、とくに意識的にこれを検証してみると、文章の粗雑さに気づくことが多いはずだ。

●悪い例12

ウィーンを訪れて感じるのは、穏やかで優雅な空気が流れていることだ。殺伐としたところや激しいところがない。建物に品格があり、町全体が清潔に保たれ、花があちこちに咲いている。そういえば、ウィーンで生まれた音楽はいずれも穏やかで優雅で美しい。音楽の都ウィーンを築いたハイドンやモーツァルトやシューベルトの音楽は、いずれも美しいメロディと妙《たえ》なる響きにあふれている。心の奥にしみじみと伝わってくる音楽がウィーンの音楽だ。きっと街の雰囲気がそこに住む人の心に伝わって、このような音楽が作られるのだろう。

一見、とてもまともな文章に思われる。だが、少しクラシック音楽に知識のある人であれば、あるいは少しだけ調べてみれば、すぐにこの文章が下手な文章の典型だとおわかりいただけるだろう。

「ウィーンを築いたハイドンやモーツァルトやシューベルト」と書かれているが、ベートーヴェンに触れられていない。いうまでもなく、ベートーヴェンもハイドン、モーツァルト、シューベルトと同時期にウィーンで暮らしていた。ベートーヴェンこそ音楽の都ウィーンを作った中心人物だった。ところが、そのベートーヴェンの名前が出てこない。

書き手はベートーヴェンを知らないのか、書こうとするときについ忘れてしまったのか。あるいは、「運命」と呼ばれる交響曲第5番など、ベートーヴェンには、穏やかで優雅では済まされない曲がたくさんあって文意に合わないため、意図的に無視したのか。

いや、ベートーヴェンだけではない。モーツァルトやシューベルトにも、穏やかで優雅といえない曲はたくさんある。それより何より20世紀前半に、新ウィーン楽派と呼ばれる無調の音楽によって、強烈で狂気をはらむ音楽もたくさん作曲された。それを穏やかだとか優雅だとか呼ぶことは難しい。

このように、文中で触れていないことが重大な意味を持つことがある。

そのほか、友人たちへの招待に一人だけ名前がない、当然触れるべき人物の名前が記されていない、そのことを問題にするなら必ず考えなければならないことが無視されている、すでにそれについて前例があるのに一言も触れられていない、そのような企画はほかの会社ですでに行われていて成功例や失敗例がたくさんあるのに、それが示されていない、そんな場合がある。

これらを読み取るのに、３ＷＨＡＴ３Ｗ１Ｈが有効だ。「ウィーンの音楽」の「現象」などを少し頭の中で検証し、歴史的経緯や地理的現象を考えれば、すぐに気づくだろう。

このような文章を書く人は、自分に都合の良いことしか書こうとしない人であって、意図的であれうっかりであれ、あまり信用できないだろう。ただし、もちろん戦略的に、しかも巧妙にそれをしているのであれば、それなりの策士であることがわかる。その点を注視することによって、書き手の心のうちや性格も読み取ることにつながるはずだ。

テクニックを使いこなせていない文章

ここまで、正真正銘の下手な文章ばかりを扱ってきた。これまでに示した例は、いずれも、文章を書き慣れない、書くのを苦手とする人の文章だった。そのために言葉足らずだったり、別の方向に進んでいったりしていた。

ところが、それらとは少し趣《おもむき》が異なる文章も少なくない。文章のテクニックを使っているのだが、それが上手でないので、誤解を招いてしまっている。そんな文章だ。そんな文章を読むときにも、ある種のテクニックを要する。

●悪い例13

早生まれの人は損だ。中学生くらいまでは、何をしても4月・5月生まれの子に勝てない。高校生になるころまでに、早生まれの子は「できない子」になってしまっている。勉強ができないので劣等感を持ってしまうし、体も小さいので、大きな子についていけない。いつもビリのほう。そんなことがあるもんか。私の息子は2月生まれだ。中学生までクラスでも成績はビリのほうだった。天狗にならないから、むしろその後に伸びる。

もちろん、この人は、「早生まれの人は損だ」と言っているわけではない。むしろ、「早生まれの人は損だといわれるが、そうではない」と言おうとしている。だが、それ

が十分に伝わらない。長々と「早生まれの人は損だ」という方向で書いているので、むしろそちらがこの人の意見だと誤解されてしまう。とりわけ、読解力のない人、早合点しがちな人、時間がなくて飛ばし読みしている人は誤解してしまう。ネット上で誤解に基づいた炎上が起こるのは、このタイプの文章である場合が多い。

　読み取る側としては、まず冒頭の文「早生まれの人は損だ」などという断定的な文が出てきたときには少し警戒する必要がある。とりわけ、文章の最初には、何らかの形で問題提起をしている場合が多いので、自分の意見を真正面から言うとは限らない。それを否定するような文章が出てくるのではないかと警戒しておく必要がある。

　この種の文章を書く人には２つのタイプがいる。一つは、あえて挑発的な文章を書く人だ。誤解される危険性があると認識したうえで、テクニックとしてこのような文章を書いている。当たり前の読解力を持っている人であれば誤解する恐れはないという判断のもとに書いている。ただ、本書でも語っている通り、このところの日本人の読解力低下は甚《はなは》だしいので、多くの人に誤解されて、のちになって少々慌てることになる。

　もう一つのタイプは、とくに意識しないまま未消化のテクニックを使ってしまう人だ。

未消化なために、わかりにくくなってしまったということだろう。

読み手としては、このような文章のテクニックがあることを踏まえておいて、場合によっては、悪い例1で示したように「　」などを使って整理して読むのが望ましい。

そして、もちろん、あまり早合点しないように心がけるのも大事なことだ。

●補足修正例

「早生まれの人は損だ。中学生くらいまでは、何をしても4月・5月生まれの子に勝てない。高校生になるころまでに、早生まれの子は『できない子』になってしまっている。勉強ができないので劣等感を持ってしまうし、体も小さいので、大きな子についていけない。いつもビリのほう」。そのように言う人がいる。だが、そんなことがあるもんか。私の息子は2月生まれだ。中学生までクラスでも成績はビリのほうだった。天狗にならないから、むしろその後に伸びる。

主語が不明瞭な文章

最後に、私がとても気になっているタイプの文章を示したい。新聞や雑誌などにこのような文体が増えている。とくに、苦しむ人、困っている人を新聞で取り上げるときなどにこのような文体が多用される。

●悪い例14

毎日が苦しい。生きるのさえもつらくなる。周囲の人と同じ仕事をしている。それなのに派遣社員というだけで、給与は正社員の3分の2に満たない。それでは暮らせない。ひろ子さん（32歳）の毎日はその繰り返しだ。一度、腹を決めて職場の上司に願い出たことがある。だが、派遣会社と交渉してくれの一言で終わった。気持ちはわかるが、うちも余裕がないので我慢してくれと言う。もちろん、派遣会社は派遣先の個別の状況については親身になって話を聞いてくれない。記者がひろ子さんに接触したのは、それからひと月ほどしてからだった。真面目そうな態度と疲れのにじんだ表情が印象的だった。もうこれ以上は耐えられない。社会に訴える必要がある。それが記者に連絡をとった動機だった。

このタイプの文章を書くのはほとんどがプロだろう。それなりに工夫が凝らされている。だから、個人的なエッセイでこのような文体で書くのはよいだろう。だが、正確に伝えるという意味では、このような文章は失格だ。ビジネス文書にこのような文体を用いるべきではない。

この文体の特徴は、書き手がほかの人の心の中に入り込んで、その気持ちを書いていることだ。修辞学では「自由間接話法」と呼ばれ、書き手が自由に登場人物の心の中に入ったり、出たりする表現法だ。20世紀の文学作品では多用されてきた。

しかも、主語をぼかす形で書いているので、それが誰の気持ちなのかがよくわからない。書いている本人としては文学的なつもりだろうが、曖昧でぼんやりした、わかりにくい文章になる。情緒に流され、主客が明確でなく、論理的に文章を展開していない。

このような文章を読むときは、悪い例1の場合と同じように、主語は誰なのか、どこからどこまでがその人の言葉なのかを整理しながら読む必要がある。

そうして補足しながら読むと、以下のようになるだろう。

●補足修正例

派遣会社に登録して働くひろ子さん（32歳）は、毎日の生活に苦しさを感じている。勤め先で周囲の人と同じ仕事をしているのに、派遣社員というだけで給与は正社員の3分の2に満たないという。生活に不安を覚えて、一度、腹を決めて職場の上司に願い出たことがあるが、「派遣会社と交渉してほしい」と言われただけだったという。もちろん、派遣会社は派遣先の個別の状況については親身になって話を聞いてくれない。ひろ子さんは、社会に訴える必要があると考え、新聞社に連絡をとった。それからひと月ほどして、私が接触した。ひろ子さんの真面目そうな態度と疲れのにじんだ表情が印象的だと私は思った。

複合的な要因で失敗している文章

以上、下手な文章の特徴を示してきた。ここには、あえて一つの文章例に一つの大きな典型的なミスのあるものを意図的に選んだ。しかし、実際の文章においては、それほど典型的な失敗例は多くない。いくつかの失敗が複合されて現れる場合がほとんどだ。

むしろ、いくつものまずさが複合されて、いっそうわかりにくくなっている。

以下は知り合いの留学生に「日本に来て不思議に思ったこと」というタイトルで書いてもらった文章を少し修正したものだ。日本語を学び始めてから間がないのに、驚くほどに達者な日本語を書く留学生なのだが、慌てて書いてもらったものなので、不備が多い。ここには、いくつもの悪い例が合わさっている。

●悪い例15

「日本に来て不思議に思ったこと」

私が日本に来て思ったのは、何でも遅いということだった。役所でも学校でも遅い。中国ではそんなことはなかった。だからイライラすることが多かった。中国は何でも早いがミスが多い。ミスがあったら、あとで訂正したり、謝ったりする。

きっと日本人は満点症なのだろう。先日、日本人と各国の留学生の集まりで折り紙をした。やはり手先が器用なのは日本人で、ほかの人はミスをしてばかりだった。私は初めて鶴を折ったが、何度も失敗してやっとできた。丁寧にミスのないようにするのが日本人の良いところだと知った。
　事情があって申請書類を日本の役所に出した。提出書類のほかに提出書類の書き方を説明した文書をもらった。丁寧な説明があって、全部で20ページくらいあった。こんな書き方をしてはいけないというような注意書きもあった。だが、書き方の説明を読めば読むほど中国人の私にはわからなくなった。そのために、長い時間をかけて役所に行って、長い時間待って、書き方を説明してもらった。日本人はこれを真面目にしっかりと読んで書き込むのだろう。日本人はすごいなと思ったのだった。

　体験に基づいた留学生の驚きが新鮮に表れている。だが、いくつもの欠点がある。そのため、読み終わった後、わかったような、わからないような不思議な気分に陥る。正確に理解するには、欠点を認識し、不足を補って読み取る必要がある。

①具体性不足

最初の部分で具体性がない。「何でも遅い」と言いながら、例がないので、何を言おうとしているのかわからない。「役所でも、ビザ申請が受理されるまで何度も役所通いをしなければならない。そのたびに何度も書類を書かされる」などと説明を加える必要がある。中国の「ミスがあったら、あとで訂正したり、謝ったりする」例も示してほしい。読み手はそれを想像しながら読まなくてはならない。

②キーワードの定義の不備

第2段落で「満点症」という言葉が出てくるが、この言葉の意味が示されない。読み取りのためには、前後関係からそれを明確にする必要がある。どうやら、「ミスをなくして満点をとろうとする病気」という意味と思われる。「完璧主義」に近いものといえそうだ。

③具体的説明のずれ

第2段落でエピソードが語られるが、「満点症」の説明にもなっていないし、「ミスをしないように気をつけるために遅くなる」という説明にもなっていない。これだけでは、単に「日本人は手先が器用でミスが少ない」というだけの話になっている。だが、前後から考えて、この書き手は「日本人は完璧主義なので、ミスのないように気をつける。そのために遅くなる」と言おうとしているようだ。

読み手は、欠けているエピソードを補って考える必要がある。「折り紙をするのに、前もってあれこれと考えるので、時間がかかるが、ミスが少ない」という体験をこの書き手はしたのだろう。本来それを書くべきなのに、書き手は何を書くべきかを見失ってしまっている。読み手はそのような背景にある意識も理解するのが望ましい。

④抽象化の不備

第3段落では、日本の役所に提出する文書の書き方の説明が丁寧すぎてわかりにくいという話になっているが、今度は具体的な話が続くばかりで、抽象化されない。だから、何を言いたいのかわからない。これでは「何でも遅い」「ミスをなくして満点」ということと直接つながらない。書いている本人の中ではつながりがあるのだろうが、読む者にわからせるのは難しい。少なくとも、すぐには頭に入らない。

したがって、読み取る場合、少し補足して、「日本ではミスのないように前もって詳しく書き方を説明して、そのために書くのに時間がかかり、余計手間になって事務が遅くなっている」と補って考える。

⑤全体の評価の欠落

この文章で最もわかりにくいのは、この人が日本人の遅さをどうとらえているかだ。第1段落と第3段落では「遅さ」にいら立つ様子を示しているが、第2段落はミスをしないという美徳として書かれている。これでは、この文章を書いた人が、日本人の遅さをどう感じているのか、それを否定的にとらえているのか肯定的にとらえているのかがわからない。

おそらく、本音としてはかなり日本人の「遅さ」にいら立ちながら、日本文化を理解しようと努めているのだろう。そして、この文章を読むのが日本人であることを考えて、気を遣い、日本人の特徴を肯定的にとらえているといったところだろう。そんなことがこの文章から読み取れる。

この文章を再構築すると、こうなる。理想的な読み手は、このようなことを書き手が言いたかったのだと理解するだろう。

●補足修正例

「日本に来て不思議に思ったこと」

私が日本に来て思ったのは、何でも遅いということだった。役所でも学校でも遅い。役所では、ビザ申請が受理されるまで何度も役所通いをしなければならない。そのたびに何度も書類を書かされる。中国ではそんなことはなかった。だからイライラすることが多かった。中国は何でも早いがミスが多い。ミスがあったら、あとで訂正したり、謝ったりする。

きっと日本人は満点症、つまり、何でもミスをしないで満点を目指すという傾向があるのだろう。先日、日本人と各国の留学生の集まりで折り紙をした。やはり手先が器用なのは日本人で、ほかの人はミスをしてばかりだった。日本人はあらかじめきちんと手本を見て、印をつけたりしてミスがないようにする。確かに時間がかかるが、仕上がりが丁寧で良いもの

ができるのを目の当たりにした。私は初めて鶴を折ったが、何度も失敗してやっとできた。また、事情があって申請書類を日本の役所に出した。提出書類のほかに提出書類の書き方を説明した文書をもらった。丁寧な説明があって、全部で20ページくらいあった。こんな書き方をしてはいけないというような注意書きもあった。中国人の私には丁寧すぎてわかりにくい部分もあったが、このような丁寧な説明があるから、ミスが少なくなるのだと思った。何でも遅いというのは、ミスを減らし、すべてを丁寧に仕上げようという日本人の意思の表れなのだと気づき、それ以来、私は少し日本人を見習おうと思っている。

第三章

癖のある文章を読み解く

第二章で、下手な文章の読み取り方を説明してきた。

私たちが日常的に読解に悩まされる文章や会話には、もう一つのタイプがある。決して下手な文章ではない、プロの書いた文章ではある。だが決してわかりやすくはない。何らかの事情があって、しばしば曖昧でわかりにくい。そんな文章だ。読む人に納得してもらおうと思っているとは限らない。ときにはごまかそうと思っている。そんな文章もある。

本章では、そのような癖のある文章をどう読むか、そこから何を見つけ出すかを解説したい。

１　首相の所信表明演説を読み解く

まずは、２０１９年10月４日、第２００回臨時国会で安倍晋三総理大臣（以下当時）が行った所信表明演説を取り上げる。そこには、ＡＬＳ患者でありながら、れいわ新選組から出馬して当選した舩後《ふなご》靖彦さんが初めて出席していた。この演説は、以前から交流があったとのことで、反安倍政権を掲げているはずのれいわ新選組の議員を「友人」と呼んだことで話題になったことを覚えている方も多いだろう。

（一億総活躍社会）

十五年前、一人のＡＬＳ患者の方にお会いしました。

「人間どんな姿になろうとも、人生をエンジョイ出来る」

全身が麻痺していても弾くことができるギターを自ら開発。演奏会にも伺いましたが、バンド活動に打ち込んでおられます。更には、介護サービス事業の経営にも携わる。その多彩な活動ぶりを、長年、目の当たりにしてきました。

令和になって初めての国政選挙での、舩後靖彦さんの当選を、友人として、心よりお祝い申し上げます。

障害や難病のある方々が、仕事でも、地域でも、その個性を発揮して、いきいきと活躍できる、令和の時代を創り上げるため、国政の場で、共に、力を合わせていきたいと考えております。

令和を迎えた今こそ、新しい国創りを進める時。これまでの発想にとらわれることなく、次なる時代を切り拓いていくべきです。

かつて採られた施設入所政策の下、ハンセン病の患者・元患者の御家族の皆様に、極めて厳しい偏見、差別が存在したことは、厳然たる事実です。そのことを率直に認め、訴訟への参加・不参加を問わず、新たな補償の措置を早急に実施します。差別、偏見の根絶に向けて、政府一丸となって全力を尽くします。

「みんなちがって、みんないい」

新しい時代の日本に求められるのは、多様性であります。みんなが横並び、画一的な社会システムの在り方を、根本から見直していく必要があります。多様性を認め合い、全ての人がその個性を活かすことができる。そうした社会を創ることで、少子高齢化という大きな壁も、必ずや克服できるはずです。

若者もお年寄りも、女性や男性も、障害や難病のある方も、更には、一度失敗した方も、誰もが、思う存分その能力を発揮できる、一億総活躍社会を、皆さん、共に、創り上げようではありませんか。

一見とりとめがなく、単に目標や成果を並べただけの文章に思えるが、そんなことはない。

もちろん、所信表明演説は安倍総理だけでなく、そのほかの優秀な政治家や官僚の目を通ってきているだろう。突っ込まれないように、難点を残さないようにと細心の注意を払って推敲《すいこう》がなされているはずだ。それはそれでよく考えられた文章といえる。

この文章も原則にのっとって読んでいこう。

あえて読み取りづらくしている理由

一見、論理的に構成されていないように思えるが、この文章は実は基本C型の変形になっている。

第1段落から第6段落までが、第一部「問題提起」にあたる。ただし、問題提起するというよりは、「ALS患者で国会議員になった舩後さんは個性を発揮して活躍している。次なる世代を切り拓いていくべきだ」という主張を最初にズバリと示している。

第7段落が第二部「意見提示」にあたる。この部分は一般的には、「確かに……。しかし……」というパターンで、反対意見を踏まえながら自説を示すのだが、この文章では、過去と現在を対比させて、「かつては……だった。しかしこれからは……」という形になっている。ここで語られている内容は、「かつてはハンセン病患者への偏見、差別が存在した。しかしこれからは、補償を行い、差別、偏見の根絶に向けて政府一丸となる」とまとめられる。

第8・9段落が第三部「展開」にあたる部分で、「みんなちがって、みんないい」というスローガンを示し、「新しい時代に求められるのは、多様性である。みんな違ってよい。全ての人がその個性を活かすことができれば、少子高齢化も克服できる」と主張する。

そして最後の段落が「結論」にあたる。「一億総活躍社会を共に創り上げよう」と呼び掛けている。

以上のように、しっかりと論理的に構成されている。

ただし、下手な文章の一つの特徴がここにはある。そのために、論理的に読み取りづらくなっている。ここには先に述べた悪い例14と同じ特徴がある。

たとえば2行目の「人間どんな姿になろうとも、人生をエンジョイ出来る」という文がどのような意味なのか曖昧だ。安倍総理の標語なのか、それとも、このＡＬＳ患者の方の言葉なのか。

しかも、第一部にあたる部分で、情緒的に弱者に寄り添うという姿勢を見せているため、「全身が麻痺していても弾くことができるギターを自ら開発」「演奏会にも伺いました」「バンド活動に打ち込んでおられます。更には、介護サービス事業の経営にも携わる」「その多彩な活動ぶりを、長年、目の当たりにしてきました」といくつかの文が重ねられるが、そこに主語が一切示されない。主語が示されないときには、原則として同じ主語のはずなのだが、この文章では、主語が入れ替わっている。ますます曖昧になっている。

しかも、その後「国政選挙での、舩後靖彦さんの当選を、友人として、心よりお祝い申し上げます」と出てきて、これまで語られた患者が舩後さんだとほのめかされるが、それも伝わりづらい。

もし、きわめて説明的に書くとすれば、以下のようになるだろう。

十五年前、一人のALS患者の方にお会いしました。「人間どんな姿になろうとも、人生をエンジョイ出来る」という思いを強くしました。その方は、全身が麻痺していても弾くことができるギターを自ら開発し、バンド活動に打ち込んでおられます。更には、介護サービス事業の経営にも携わっておられます。私は、演奏会にも伺い、その多彩な活動ぶりを、長年、目の当たりにしてきました。その方こそ、令和になって初めての国政選挙で当選なさった舩後靖彦さんです。当選を友人として、心よりお祝い申し上げます。

これをあえて悪い例14のような文体にしているということは、弱者に心を寄せた情緒的な文章にしたいという意識の表れと考えることができる。

キーワードの定義や具体例が示されていない

この文章のキーワードは、「一億総活躍社会」。それが意味しているのは、「全ての人が個性を活かして参加できる社会」といえるだろう。

この文章は、第二部で示されているような、差別、偏見のある社会に反対している。そのうえで、「一億総活躍社会を共に創り上げよう」と語っているわけだ。

では、もう少し深く掘り下げてみよう。そのためには、３ＷＨＡＴ３Ｗ１Ｈを検証してみる。

まず「定義」を考える。「一億総活躍社会」とはどんな社会か。そもそも「活躍」とはどのようなことを指すのか。おそらく、日本人全員が生きがいを持って、自分らしく生きていくことのできる社会というような意味だろうが、この文章で、あるいは政府見解においても、この言葉の定義が十分になされていないことに気づくはずだ。

次に、「現象」を考えてみる。今、「一億総活躍社会」についてどのようなことが起こっているのか。この文章で取り上げられていること以外に、どのようなことが起こっているか。

そう考えると、ここでは難病や障害についてしか取り上げられていないが、「一億総活躍」というからには、女性の活躍、引きこもっている人の活躍、非正規雇用者の活躍、高齢者の活躍などが問題になるはずだ。それなのに、それらが取り上げられていない。

また、「みんな違う」という状況を作り出そうとしているが、日本ではとりわけ同調圧力が強く、「みんな同じ」であることが求められる傾向が強いといわれる。その状況についても触れられていない。LGBTQと呼ばれる性的少数者の問題も取り上げられていない。

「結果」についても考える場合には、「一億総活躍社会」を実現しようとしたら、結果としてどのようなことが起こるか。うまくいけば、誰もが自分らしく生きていけるような社会になるかもしれない。だが、活躍できない人、うまくいかなかった人は、いっそう落ち込むかもしれない。成功した人と失敗した人の差が開くかもしれない。必ずしも良い結果ばかりとは限らない。

「歴史的状況」としては、これまでの状況を考えてみる。これまで、多くの人が活躍できない状況だったこと、徐々に改善される方向に進んでいることを確認できるだろう。

「地理的状況」としては、ほかの国の状況を考えてみる。おそらく、個人主義的傾向の強い欧米先進国では日本よりも「みんな違っていい」という意識が強く、障害者、難病患者に対する理解も深いと考えられる。

「対策」は様々に考えられる。制度を作ったり、組織を作ったり、教育をしたり。だが、どの対策もなかなか難しいだろう。ところが、この文章ではそれらにまったく触れられていないことが確認できる。

また、文中に、高齢化の解決にも役立つと書かれているが、具体的にはどういうことなのかの説明がない。高齢者も自分の特性を活かして働けるようにするということだろうが、そうするには様々な具体的な施策が必要だろう。だが、それが示されていない。

このようなことを検証していけば、この文章を深く読むことができる。

この文章が何を語ろうとしているのか、どういう狙いがあるのか、この文章には何が不足しているのかが見えてくるはずだ。

もちろん、この文章は所信表明演説のほんの一部であって、ほかの部分と補足し合っているので、ここだけから演説の評価をすることはできない。だが、このように読むことによって、この文章の大まかな全体像をつかむことができるとはいえるだろう。

2 朝日新聞「天声人語」を読み解く

所信表明演説と同程度に癖のある文章がある。朝日新聞の「天声人語」だ。天声人語に限らず、ほかの新聞の第一面のコラムはいずれも癖があるが、やはり天声人語はその中でもとびきりだろう。

新聞のコラム、とりわけ朝日新聞の天声人語を名文とみなしている人がいるのは私も承知している。中学、高校の先生たちには信奉者が多く、これを模範として書き写しをさせたり、要約をさせたりといった指導がなされている。

もちろん、天声人語を読むのはとても良いことだと思う。ぜひ読んでほしい。楽しみにしてほしい。しかし、これは論理的な文章とは言いがたい。しばしば論理がねじれ、意味がとりづらい。これを模範として書き写したり要約したりするのも、ほとんど意味がないと私は思っている。そもそも、これほど要約しづらい文章も珍しい。

インターネット上でも、天声人語の内容のゆがみや文章のわかりにくさが話題になることがある。以下の文章がその例として、あるブログに挙げられている。

この地球上で、幸福の量と不幸の量は、いったいどちらが多いのだろう。東京で開かれている世界報道写真展（8月10日まで）を見ると、「世界は不幸に満ちている」という思いに胸が痛む▼約8万点から選ばれた一瞬一瞬が現代を切り取っている。戦火、飢え、暗殺、逃げ惑う人々……。どれも昨年起きたことだ。パキスタンのブット元首相の暗殺現場を写した連作などは、そのむごさに、見つめつづけるのも難しい▼「不幸」にレンズを向けるカメラマンは、深く葛藤するという。「ハイエナみたいなもの」と自嘲したのは、戦場写真のロバート・キャパだった。日本のある若手はカンボジアで、負傷兵に「おれの写真をいくらで売るんだ」と怒鳴られた▼写真家の長倉洋海さんから以前、こんな話を聞いた。飢餓のアフリカで、衰弱した少年にカメラを向けたそうだ。少年は、あばら骨の浮き出た胸を見せまいと、何度も体をよじった。長倉さんはどうしてもシャッターを押すことができなかったという▼今年の大賞に選ばれたのは、アフガニスタンでの一枚だ。壕《ごう》で休む1人の若い米兵をとらえた。土にまみれ、憔悴しきった目がうつろにレンズを見つめている。左手薬指の指輪のよう

な光が、この若者の家族や故郷を、見る者に想像させる▼大義や名分が何であれ「殺し合うこと」の不毛を、この一枚は訴えてやまない。その思いをカメラマンに託すような、若い兵の表情も胸に迫る。写すという行為の奥深さと、伝えることの意味を語りかけるような、展示の空間である。

（天声人語『朝日新聞』2008年6月23日）

論理のゆがみや主張の偏りを見抜く

天声人語は少し遊び心があり、ある種のエッセイであるので、論理的に書かれているわけではない。そのため、論理的な「型」が用いられていないことが多い。しかし、その変形であることが多い。これも基本C型の変形と考えられる。

この文章は初めの2つの段落が「問題提起」にあたる。「東京で開かれている世界報道写真展を見ると、『世界は不幸に満ちている』という思いに胸が痛む」とまとめられる。

第3段落から第5段落までが、「意見提示」にあたる。この部分は「確かに……。しかし……」となっており、第3・4段落の冒頭に「確かに」があり、第5段落から先が

「しかし」と考えるとわかりやすい。つまり、「確かに、カメラマンは不幸にレンズを向けるために、葛藤する。被写体になる人物が怒ることもある。撮影を迷うこともある。しかし、今年の大賞も不幸な兵士の写真だった」とまとめられる。

第三部「展開」と第四部「結論」にあたるのが第6段落で、『殺し合うこと』の不毛を、この一枚は訴えてやまない。写すという行為の奥深さと、伝えることの意味を語りかけるような、展示の空間である」とまとめられる。

ただし、この文章には、下手な文章の特徴も含まれる。論理がゆがみかけている。だから読み取りづらくなっているのだ。

第3・4段落では、カメラマンが不幸にレンズを向けるために、葛藤するということを語る例を示している。ためらいながらもシャッターを押すエピソードを示せば例としてうまく前後とかみ合ったはずなのに、この文章では、「シャッターを押すことができなかった」という例を示してしまった。だから、読んでいる人は混乱してしまう。

かなりの人が、「前半で写真を撮ることで人を傷つけると書いていたのに、途中から、写真を撮るのが良いこととみなされてしまっている。矛盾しているではないか」と感じるわけだ。この記事をブログで公開した方もそのようにとらえているようだった。

少数意見を無視していないか

この文章のキーワードはもちろん、「写真」「不幸」。この文章は、不幸だからといって目をそらして写真を撮らないことに反対している。撮らない人の気持ちもわかるが、撮るべきだと語っているわけだ。そして、そのうえで、不幸な人を撮る写真がいかに社会に大きな事柄を訴えるかを主張している。

この文章では、第二部に混乱があったために読み取りにくくなっていた。そのほか、天声人語の特徴として、第一部が長いという点がある。本題に入る前の「枕」にあたる導入があまりに長く、ときには文章のほとんどを占めたり、導入部分が本題と無関係だったりといったことも多い。

３ＷＨＡＴ３Ｗ１Ｈを検証してみると、この文章をいっそう深く読み取ることができる。

「定義」は問題ないだろう。「不幸」は考え方によっては哲学的にもとらえられるが、この文章では病気や死や暴力などを示しているといえるだろう。「写真」については定義するまでもない。

「現象」としては、カメラマンが「不幸」を撮ることとは、実際に現代社会ではどのような場面かを考えてみる。そうすると、戦場カメラマンが戦場、テロの現場、新型コロナウイルス患者などを撮影して、その不幸を描いていることを思い出すだろう。

ところで、人の不幸を撮影するということでいえば、犯罪被害者を追いかけ回すカメラマンが被害者の傷を深めていることを思い出すかもしれない。この文章に、カメラマンのそのような負の面がとらえられていないことにも気づくだろう。このようにカメラマンは善良な人のプライバシーを侵害し、いっそう不幸にすることがある。それをこの文章は無視しているといえるだろう。

「歴史的状況」を考えると、かつてケヴィン・カーターというカメラマンが、飢えて倒れているアフリカの少女と、それを狙うハゲワシの姿を写真に撮ってピューリッツァー賞をとったことを思い出す人もいるかもしれない。「写真を撮らずに、すぐに助けに行くべきだ」という議論も巻き起こった。

そうした反対意見を無視しているともいえるだろう。そう考えると、この文章がカメラマンを手放しで肯定していることに気づくに違いない。「地理的状況」として、現在でも不幸な人々の報道がなされているアフリカや南米、中東などの戦場、病気の感染地帯、テロの頻発地域、あるいは、カメラマンの立ち入りが禁止される北朝鮮のような国を思い出してみるといいだろう。

こうしたことを考えることによって、この文章がどのような偏りを持ち、どのような反論が可能か理解できるはずだ。

3　早稲田大学小論文問題を読み解く

最後に、１９９９年に出題された早稲田大学第一文学部（当時）の小論文入試問題をお示しする。随分と昔の問題だが、現在読んでも十分に説得力のある、普遍性を備えた問題といってよいだろう。

小論文の指導のために、この問題を取り上げたことがある。私にとってはかなりわかりやすい文章なので、読み取れない受験生などほとんどいないものと思っていた。ところが、信じられないほどに若者はこの文章を理解できない。きっと若者にとってはかなり理解しづらい文章なのだろう。そこで今回、癖のある文章として、ここに取り上げる。

なお、小論文の入試問題なので、読み取った後で論じることが求められている。読解の延長として、そしてまた第一章で説明した「文章力」をつけるためのトレーニングとして、ぜひ挑戦していただきたい。

問題8 次の文章では、カフカは「消費社会の差異表示記号」になったと言われています。同じような意味で「記号」になった人やものとして、他にどのような例があるでしょうか。具体的な例をあげて、あなたの考えるところを述べなさい（600字以上1000字以内）。

一九九〇年代も終わりに近い年の九月の初めに、私はプラハにいた。それはレディ・ダイアナの死からマザー・テレサの死までのほんの短い時期のことで、カレル橋を越えてイギリス領事館へとむかう坂道には色あざやかな切りバラを手にして、金髪やブルネットや黒髪の少女たちの列が続いていたが、少し遅れてヴァカンスを取った人びとがヨーロッパ中、いや世界中から集まってきたせいだろうか、あるいはいつまでも終わろうとしない夏の晴天のせいだろうか、街は陽気な幸福感であふれかえっていた。橋の上は露天商や大道芸人と彼らを取りかこむ多様な言語のツーリストの喧騒につつまれて、欄干に立つ十字架にはりつけになったキリスト像の苦しげな表情に気づく者はまれだった。

橋を渡り、あの少女たちと同じ方向に急な坂道をしばらく登ってから、右に曲がる彼女たちを横目で見送って、私は城をめざした。街路に異様な表象が目立つようになったのはこのあたりからだろうか。といっても、陰気すぎる微笑を浮かべた耳と口が奇妙に大きい男の顔が、ツーリスト相手の店先に見え隠れしていただけなのだが、それがフランツ・カフカの顔写真つきＴシャツであることはすぐにわかった。もう百年以上も前にこの街で生まれ、若くしてこの街に葬られた孤独な作家自身にとってはおそらく意外としかいいようのない時代の風向きは、カフカの記号をこの街、とりわけ城から黄金小路と呼ばれる石畳の細い裏道にかけて撒きちらすことになったのである。

　黄金小路二十二番地にあるライト・ブルーの壁のひどく小さな二階屋がカフカ・グッズの本拠地だった。一九一六年十一月末から翌一七年八月末まで、つまりちょうどトリスタン・ツァラがチューリヒ・ダダを軌道に乗せようとしていた時期に、カフカは末の妹オットラが借りてくれたこの家で暮らして多くの短編を書いたという。一七年夏には、やがて彼の命を奪うことになる結核の最初の喀血《かっけつ》を経験しているから、二十世紀の人間たちの運命をある意味で予言していたこのユダヤ人作家の血の跡さえどこかに染みついていたかもしれない家なのだ。

　それから八十年ほどが過ぎたいま、入口の前ではさまざまな肌と髪の色をした若者たちがさっそくカフカTシャツを着こんで、彼ら自身を記号化するために青い壁の「22」という数字の前で写真を撮りあっていた。狭い室内はカフカ・グッズを求める人ごみでほとんど立ち止まれないほどごったがえしていたから早々に退散するほかはなかったが、外に出る前にレジの白髪の女性にひとこと「あなたはカフカを読んだことがありますか？」と英語でたずねてみると、皮肉だと思ったのか、彼女は一瞬きつい表情でこちらを睨んで、何もいわずに目をそらしただけだった。それはさておき、『変身』の作者は、こうして消費社会の差異表示記号としての死後の栄光につつまれることになったというわけだ。

（塚原史『記号と反抗　二十世紀文化論のために』人文書院、１９９８年より）

まず、いつものように「型」を意識して読んでみよう。

この文章は何かを論じているわけではなく、エッセイ風に出来事を書いた文章なので、論理的文章の「型」には当てはめづらい。しかし、実は、「型」を踏まえた文章になっているのにお気づきだろうか。

第1段落では、プラハの夏の終わりの穏やかな夕暮れを描いている。きっとダイアナ妃が亡くなってイギリス領事館に多くの若者が弔意《ちょうい》を示しに出かけているのだろう。そして、「欄干に立つ十字架にはりつけになったキリスト像の苦しげな表情に気づく者はまれだった」と書いて少し暗い雰囲気を予感させる。そうすることによって、「問題提起」をしている。この後で、少し深刻な本題に入ることをほのめかしている。

　第2段落は、雰囲気的に「確かに……。しかし……」になっている。「確かに、（若々しくてにぎやかな）少女たちとともに、城をめざした。ところが、『街路に異様な表象』『陰気すぎる微笑を浮かべた耳と口が奇妙に大きい男の顔』が見えてきた」という形になっている。その男の顔というのが、カフカの写真つきTシャツだったわけだ。

　第3・4段落で、カフカのプラハでの生活についての説明がなされ、若者たちがカフカTシャツを着て写真を撮り合っている様子が語られる。そして、カフカ・グッズを売る店のレジの女性に「あなたはカフカを読んだことがありますか？」ときいて無視されたエピソードを示し、「それはさておき、『変身』の作者は、こうして消費社会の差異表示記号としての死後の栄光につつまれることになったというわけだ」という文で締めくくっている。

論じているわけではないので、「結論」にあたる部分は省略されている。

筆者が反対しているものの正体

この文章のキーワードは、「カフカ」と「消費社会の差異表示記号」。カフカについてはいうまでもないだろう。文中にある通り、20世紀を代表する作家だ。カフカをご存じない人も、「陰気すぎる」「若くしてこの街に葬られた孤独な作家」「喀血」「二十世紀の人間たちの運命をある意味で予言していたこのユダヤ人作家の血」という表現から、どんな作家なのかは想像がつくだろう。

もう一つのキーワード「消費社会の差異表示記号」とは、いってみれば「消費社会で、ほかの人と違う自分らしさを目立たせるためのしるし」という風に考えてよいだろう。これについても、文脈から読み取るのはそれほど難しいことではない。

では、この文章は何に反対しているのか。

実は、多くの若者はそれをとらえきれずに、この文章を読み取ることができないでいるようだ。カフカについてのイメージが明確でないのと、おそらく商業主義を当然のことと思い、それに疑問を持たずに育っていることが原因なのだろう。

だが、この文章が何に反対しているかを意識的に探してみると、手掛かりが見つかる。

筆者は、先ほど示した通り、カフカという作家を説明するのに、「陰気」「孤独」「喀血」「人間たちの運命」「ユダヤ人」という、ことさらに重い言葉を並べている。「二十世紀の人間たちの運命をある意味で予言していたこのユダヤ人作家」という部分には、明らかにナチス・ドイツによるユダヤ人虐殺が暗示されているだろう。このようにして、周囲の華やかで穏やかな若い人々との対比を際立たせている。

また、レジにいる女性に「カフカを読んだことがありますか？」と尋ねたというエピソードは、カフカを読んだことがないままに消費社会の差異表示記号を売っていることに対する皮肉ということが理解できるだろう。

そう考えると、『変身』や『審判』『城』など、社交性などなく、売れたいなどとは思わず、いわば引きこもり状態の孤独な生活を送り、陰気で人間の心の暗い奥底を抉《えぐ》ろうとしていたような作家までもが、消費社会に組み込まれて売り物にされ、若者たちがそれに気づかずに無邪気にTシャツを着て楽しんでいることに、この筆者が反対していることが理解されるはずだ。

カフカ・グッズを購入している人々はカフカを読んで理解しているわけではない。単にファッションとして、かっこいいものとしてカフカを消費している。

したがって、この文章の主張は、簡単に言ってしまえば、「カフカのような孤独の作家さえも売り物として消費の対象にされてしまう。嘆かわしいことだ」というものだ。

この文章を読み取ったうえで、「他にどのような例があるでしょうか。具体的な例をあげて、あなたの考えるところを述べなさい」とあるので、「他の例」を考えながら、３ＷＨＡＴ３Ｗ１Ｈを検証してみる。

●定義

・「消費社会の差異表示記号」……消費社会で、ほかの人と違う自分らしさを目立たせるためのしるし

●現象

「カフカ以外の例」

・ベートーヴェン（自身は俗的な生き方を毛嫌いしていたのに、死後、ＣＭや喫茶店などの音楽に使われている）

・ゴッホ（狂気の中で自分の世界を追求した画家なのに、死後、デパートのバッグのデザインなどに使われている）

・チェ・ゲバラ（ブルジョワ社会を全否定した革命家なのに、死後、革命のアイドルとして西側の人々にもてはやされた）

・マザー・テレサ（慈善行為までが世俗の興味の対象になり、観光化されている）

・自分らしさの演出としてのファッション

・そのために観光が活性化するという面もある

●結果

・これをきっかけにベートーヴェンやゴッホに関心を持つ人もいる

・このまま消費社会が進展すると、すべてが消費に利用される（個人のプライバシー、過去の過ちなども売り物に？）
・多くの人がカフカを知って、読みたくなるかも

●歴史的状況

・情報社会になって、衣類や機械の機能に差がなくなってから、企業はデザインで差をつけるようになった

●地理的状況

・日本でも、武士道や仏像が売り物に
・三島由紀夫Tシャツがあるか？
・日本だと、ゆるキャラや饅頭（カフカくんゆるキャラやカフカ饅頭）が企画される？

●対策

・とくになし

●根拠（賛成・反対の根拠）

「課題文に賛成」（カフカTシャツを苦々しく思う立場）

・カフカ（ゴッホ、ベートーヴェンなど）は俗世間を離れて生きた孤独の人物だった。虚飾を排し、狂気の中で信念を貫いて自分の世界を作り出した姿が作品に表れている。だが、消費社会に入ると、彼の作品は本来の「毒」を失い、消費を掻き立てるデザインにされてしまう

・人間は思想によって生きている。社会の思想に参加したり、それに反発したりする。芸術や文学、学問もそうした時代思想を作っている。ゴッホの絵画も、そうした思想を表現したものだ。ところが、消費社会においては、「思想」をなくし、それをファッションにしてしまう

・人物は、「記号」となることによって、実体を失ってしまう。周囲から求められてい

る存在になって、その本来の姿を失う。もう、カフカはカフカではなく、伝説としてのカフカになる。そして、そうした記号に埋没した実体を掘り起こし、いきいきした姿を取り戻すのが、学問であり、芸術である

「課題文に反対」（カフカTシャツを肯定する立場）

・消費社会において記号化されることで、人物は世界的になる。彼らがいかに優れた作品を制作していても、それがビジネスという形で世界中で売れないことには、それを知る者はいない。それが広く知られることによって、その作品が多くの人の心に影響を与える

・文化は、個人的でその時代特有のものが普遍化され、時代性を失っていくことによって広まる。そうすることによって、世界中の人々に影響を与えている。消費社会における記号化というのは、そのような普遍化の過程である

以上のことを考えたうえで、文章を書く。39～41ページで説明した基本C型を用いて

書くといいだろう。

解答例

課題文は、反社会的、反消費的な文学作品を書いた作家カフカまでもが、消費社会に取り込まれている現代社会の状況を説明している。カフカのほか、様々な歴史上の人物が同じように記号化されている。私がとりわけ、それを感じるのはゴッホである。ゴッホを通して、消費社会に取り込まれて記号化されることの是非について考えたい。

確かに、人物が記号化されることによって、その人物が世界に広まるという側面がある。ゴッホが記号化され、観光化されることによって、ゴッホを知る人も増える。そうすることによって、ゴッホに心から感動し、芸術や思想に心を引かれる人も増える。世界に優れた文化が広まり、それがまた新しい文化を生む。その意味では、良いことだと言っていいだろう。だが、そのために、ゴッホがゆがめられるのも事実である。

ゴッホは世の中の流行に乗ることなく、描いた絵もまったく売れず、孤独の中で暮らした画家だった。自分の芸術を一心不乱に追いかけ、独自の世界を作っていった。客を楽しませる絵を描こうとか、売れる絵を描こうとは考えなかった。そうして、あの《ひまわり》など見る者の心を引きつける絵画を次々と生み出していった。ところが、消費社会に入ると、ゴッホの家は観光ルートに含まれ、ゴッホの反俗の絵画までがデパートの袋のデザインになったり、喫茶店のポスターに使われたりする。ゴッホの絵画が本来持っていた俗世間への抗議や自分を高めようとする意思は忘れられ、ゴッホの絵画の持つ不可解さは切り捨てられ、目に心地よいだけの絵画にされている。消費文化が芸術から本来の精神を奪い、消費財にしてしまっている。こうして、現代社会においては、芸術や文化までが使い捨ての消費財にされているのである。

　私は、消費社会に取り込まれて記号化されるのには反対である。芸術や思想はいつまでも消費社会を拒否し、消費されるのを拒否する文化であるべきだと考える。

第四章　エッセイや小説を読み解いて教養を身につける

これまでの章では、誰にでも理解しやすい文章こそが良い文章だという前提に立って、そのような文章の読み取り方、そこから外れた下手な文章の読み取り方を中心に説明してきた。これまでの説明で、この点については理解していただいたと思う。

だが、いうまでもないことだが、誰にでも理解しやすい文章が優れた文章というわけではない。文学作品の多くは優れた文章だと断言してよいだろうが、これがわかりやすいかというと、決してそうではない。

たとえばストーリー的には最もわかりやすい童話にしても、なんだかよくわからないと多くの人が感じる箇所は多いのではないか。宮沢賢治の『セロ弾きのゴーシュ』にしても、なぜ登場人物はそのような行動をとるのか、それぞれの描写にどのような意味があるのか、作者はいったい何を言いたいのかと考えたら、わかりにくいところ、多様な意味にとれるところが多いだろう。

ミステリーなどであれば、登場人物の行動やそれぞれの場面に明確な意味がある。何らかのはっきりした意図を持って登場人物はそのような行動をとり、作者は謎を作り出し、伏線を張り、解決に導くためのその行動を描く。登場人物が意味のない行動をとったり、作者が意味のない場面を描いたりしたら、その作品の完成度に問題があるということになる。無意味な行動や無意味な場面がなければないほど、良い作品ということになる。だが、文学作品はそうではない。

童話であっても、なぜ必要なのかわからない場面がある。何を言いたいのかわからないセリフがある。「意味」を見つけ出すことが不可能な登場人物やその人物の行動、そして描写がある。

私は、基本的には文学作品については、「読解」など気にしないで読めばよいと考えている。とくに何も考えずに読んでいく。読み進めるうちに登場人物の行動や作者の文体に何かしら引っかかるところが生まれてくる。

作品によっては、そこに魅力を感じる。ときに強い魅力を感じる。そうしたら、同じ作家のほかの作品を読んでみる。だんだん魅力の正体に気づいて、文学作品の虜《とりこ》になっていく。そうこうしているうちに、自分なりの読解法ができてくる。それでよいと思っている。文学は何よりも自由なものであり、書くのも読むのも自由でよい。

しかし、とはいえ文学作品を読むにも、それなりのコツがある。それを体得できないために、文学作品になじめずにいる人、読んでみたもののしっかりと読み取れていないような気がして心もとないと感じる人が多いという。

本章では、文学作品の読解の基本について説明する。ただし、繰り返すが、今から私が語ることを教条的にとらえてほしくない。一つの大まかな目安として考えていただけるとうれしい。

1　エッセイを読み解く

向田邦子「質問」

エッセイは、前章で説明した天声人語と大きな差はない。言い換えれば、天声人語もエッセイの一つといえるだろう。したがって、天声人語と同じように読めばよい。ただ、文学性の高いエッセイになると、少しだけ読み方が異なる。

文学性の高いエッセイの例として、向田邦子の短い文章を取り上げる。読み取りの手順を具体的に示す。

今の若い人は向田邦子を知らないかもしれない。シナリオライターとして、『七人の孫』『寺内貫太郎一家』『あ・うん』など数々のヒット作を飛ばした人だ。同時に、多くの感性豊かなエッセイや小説を書き、これからもっと才能を発揮して、大作家としてはばたくだろうと思われた矢先の1981年、台湾に取材旅行中に飛行機事故にあって亡くなった。向田邦子の短いエッセイを例に示す。

鹿児島の小学校に転校してすぐだから、小学校五年のことである。

先生が、

「梅の花はどんな匂いがしますか」

と質問した。

師範を出たばかりの若い女の先生である。

この先生は、小学校と目と鼻にある饅頭屋の娘だった。小さな店先に、何段も積んだせいろが酒饅頭の湯気を立てていた。私たちは学校のゆき帰りにいつもそれを眺めて、ちょっと笑ったりした。先生は、その分も張り切っておられたように思う。

質問に対して、生徒はだれも手をあげなかった。先生は一人の男の子を指名した。

背の低い、目立って服装の粗末な子だった。喧嘩でもしたのか頭に怪我をしていた。

彼もすぐには答えられなかった。

傷のあるでこぼこの頭を左右に振って、しばらく考えてから、

「くせわい」

と答えた。鹿児島弁で「臭い」という意味である。先生も生徒も笑ったように覚えている

が、あとの記憶は曖昧である。

この頃になって、あれはむつかしい質問だったと思うようになった。先生は「いい匂いです」という答を期待されたのであろうが、生徒は、自分の鼻が感じた本当の匂いを、自分のことばで答えたくて、七転八倒していたような気がする。

今の私は、梅の匂いを、何と答えるだろう。（向田邦子「質問」『夜中の薔薇』講談社、1981年より）

まずは「型」に当てはめる

エッセイは論理的文章ではなく自由な形式だが、まず、文章を論理的に読んでみる。そのためには、「型」をどのように使っているかを検証するとうまくいく。

この文章の場合、初めの10行目の、先生が生徒を指名して、生徒の説明があるところまでが「問題提起」と考えられる。「先生が梅の花はどんな匂いがするかを、生徒の一人に質問した。さて、どうなるだろう」とまとめられる。

第二部は次の5行で、「男の子は、すぐには答えられなかったが、苦労の末、『くせわい』と答えた」とまとめられる。

次の3行が「展開」であって、ここで感想を付け加えている。最後の行が「結論」。ともあれ、このようにとらえることによって、全体の構造は理解できる。

情景を思い描く

向田邦子の喚起力のある文章によって、情景がありありと浮かぶ。

真面目な若い先生が、必死に子どもたちを導こうとしている。粗末な服の、頭に怪我をした少年が、「傷のあるでこぼこの頭を左右に振って、しばらく考えて」から答える。まさしく情景が目に浮かぶだろう。先生の必死さ、少年の困った様子をありありと感じることができる。

ストーリーを整理する

そうしながら、ストーリーを整理してみる。

この文章はごく単純な出来事しか描かれていない。単に、梅の匂いについて教室で質問され、少年が「くせわい」と答えた、というそれだけの話だ。

登場人物の心の奥を想像する

　エッセイの場合、話そのものが興味深く、面白い場合もあるが、そうでないことも多い。何気ない事柄であっても、そこに描かれる人物の心情がいわく言いがたいこともある。

　この文章の場合、先生も少年も、ほんの少しの情報しかないにもかかわらず、鮮明に見えてくる。

　先生は、学校の近くの饅頭屋の娘であって、生徒たちの身近な存在であるだけに、きっと十分に尊敬されずにいるのだろう。少なくとも、そのような気持ちを抱いている。先生としては、ここでしっかりと子どもたちをリードしたい。だが、まだ新任なので、がむしゃらにやるしかない。ノウハウを知らないので、決まりきったことしかできない。自分の感覚を押しつけようとする面もある。

　少年のほうは恥をかかないように、一生懸命答えようとしている。が、先生が何を求めているのかわからない。わからないながら、自分の感覚を語ろうとしている。そして、見つけ出したのが、かなりありきたりな方言だった。だが、それはそれで、模範解答ではないが、少年自身の感覚を素直に自分で表現しようとしたものだったのだろう。

そのような心情が伝わってくる。

時代と土地について考えてみる

執筆年代、そして扱われている年代も、また扱われている土地も、ときに重要な意味を持つ。その文章に時代特有の雰囲気を探してみる。また、その土地特有の風物を探してみる。そうすると、その時代、その土地の特性が浮かび上がる。この文章の場合、太平洋戦争前の鹿児島の雰囲気が立ち上るだろう。

「言いたいことは何か」を見つける

文章には、言いたいことがある。文章を書くからには、何かを言いたいという思いを抱いている。ただ、文学作品の場合、一つの明確な言いたいことがあるわけではない。それがあるのであれば、文学作品という形をとらない。

言いたいことをズバリとした言葉で言えないときに、イメージを用いたり、エピソードを語ったりして、手探りで語ろうとする。とはいえ、読む側としてはそれを考えるしかない。そうすることがエッセイを読む楽しみと考えるべきだろう。

この文章の場合、「若くて教条的な先生が、子どもに模範解答を言わせようとしたが、少年は自分の言葉で表そうとした。自分の言葉で表現しようとするのは大事なことだ」というのが言いたいことだろう。言葉に敏感で、美しい言葉を的確に使うこの作者の感性ともぴったり合う。

ほかの解釈を探す

ただし、繰り返し語っている通り、エッセイにおいては、言いたいことが明確なわけではない。ほかにも解釈があるだろう。作者自身、ほかにも言いたいことがあって、それらが複雑に入り混じっているかもしれない。

だから、ほかにも言いたいことはないだろうかと考えてみる。言いたいことという風にはっきりとはしていないにせよ、何かしら、伝えようとしていることはないか。

そうすると、梅の花の微妙な香りについて語りたかったという面もあるのかもしれない。

あるいは、「梅の花はどんな匂いがするか」という問いだが、「どんな」という問い方では答えるのが難しい。誰でもうまく答えられない。そういうことも含まれているかもしれない。

あるいは、作者にとっての故郷の一つである鹿児島の、小学生時代の懐かしい思い出を語りたかった面もあることが感じられるだろう。

「師範（学校）」「饅頭屋」「せいろ」などの言葉で、時代性が作られる。昭和初期の田舎の状況が思い浮かぶ。そのような素朴な人々の生活そのものを描きたかったという面もあるだろう。

作者の感性に共感する

そのようなことを読み取っていくと、作者への共感が生まれるのではないだろうか。

もちろん、エッセイによっては、それを感じないことも多いだろう。場合によっては、反感、反発を覚えることもあるだろう。だが、好きなエッセイであれば、作者に共感する。

このエッセイからわかるのは、作者が言葉に敏感で、今から考えると自分よりもずっと年下の先生、そして決して優等生ではなかったであろう少年に対しても深い共感を示していることだ。しかも、昔を思い出す静かな雰囲気を感じる人も多いのではないか。このような作者に対する共感を覚える人も多いことだろう。

表現を味わう

エッセイの場合、表現を味わうのも読解に含まれる。

先ほど示した「傷のあるでこぼこの頭を左右に振って、しばらく考えてから」のほか、「小さな店先に、何段も積んだせいろが酒饅頭の湯気を立てていた」「自分のことばで答えたくて、七転八倒していた」といった表現も喚起力がある。難しい言葉は使っていない。ほとんどありきたりの言葉といってよい。だが、そこから静かで凛とした雰囲気がたちあらわれてくる。

言葉から立ち上ってくる雰囲気を味わってみるのもいいだろう。

このようにして、作者のエッセイを読み進めるうち、徐々にその人の考え方、世の中についての感覚などが理解できてくる。共感の意識が強まる。

2 小説を読み解く
芥川龍之介『手巾』

小説こそ何よりも自由なジャンルだ。だから、読み方の規則などない。自由に読んで、それを楽しめばよい。そこから自分なりに何かをくみ取ればいい。

とはいえ、多くの人が小学校から国語の時間に学んできた通り、小説にはそれなりのテーマがあり、解釈がある。

したがって、ここでは芥川龍之介の短編小説『手巾《ハンケチ》』を題材にして、小説の読解の奥の手を紹介しようと思う。

しかし、これについても急いで付け加えておくが、小説の読み方は様々なので、もっと多くの読み方がある。以下はその一つを示したにすぎない。もっと別の読み方を多くの人が自分なりに探すのが最も小説にふさわしいと私は思う。

東京帝国法科大学教授、長谷川謹造先生は、ヴエランダの籐椅子《とういす》に腰をかけて、ストリントベルクの作劇術《ドラマトウルギイ》を読んでゐた。

先生の専門は、植民政策の研究である。従つて読者には、先生がドラマトウルギイを読んでゐると云ふ事が、聊《いささか》、唐突の感を与へるかも知れない。が、学者としてのみならず、教育家としても、令名《れいめい》ある先生は、専門の研究に必要でない本でも、それが何等かの意味で、現代学生の思想なり、感情なりに、関係のある物は、暇のある限り、必《かならず》一応は、眼を通して置く。現に、昨今は、先生の校長を兼ねてゐる或高等専門学校の生徒が、愛読すると云ふ、唯、それだけの理由から、オスカア・ワイルドのデ・プロフンデイスとか、インテンシヨンズとか云ふ物さへ、一読の労を執つた。さう云ふ先生の事であるから、今読んでゐる本が、欧洲近代の戯曲及俳優を論じた物であるにしても、別に不思議がる所はない。何故と云へば、先生の薫陶《くんたう》を受けてゐる学生の中には、イブセンとか、ストリントベルクとか、乃至メエテルリンクとかの評論を書く学生が、ゐるばかりでなく、進んでは、さう云ふ近代の戯曲家の跡を追つて、作劇を一生の仕事にしようとする、熱心家さへゐるからである。

先生は、警抜な一章を読み了る毎に、黄いろい布表紙の本を、膝の上へ置いて、ヴエランダに吊してある岐阜《ぎふ》提灯《ぢやうちん》の方を、漫然と一瞥《いちべつ》する。不思議な事に、さうするや否や、先生の思量《しりやう》は、ストリントベルクを離れてしまふ。その代り、一しよにその岐阜提灯を買ひに行つた、奥さんの事が、心に浮んで来る。先生は、留学中、米国で結婚をした。だから、奥さんは、勿論、亜米利加人である。が、日本と日本人とを愛する事は、先生と少しも変りがない。殊に、日本の巧緻なる美術工芸品は、少からず奥さんの気に入つてゐる。従つて、岐阜提灯をヴエランダにぶら下げたのも、先生の好みと云ふよりは、寧《むしろ》、奥さんの日本趣味が、一端を現したものと見て、然る可きであらう。

　先生は、本を下に置く度に、奥さんと岐阜提灯と、さうして、その提灯によつて代表される日本の文明とを思つた。先生の信ずる所によると、日本の文明は、最近五十年間に、物質的方面では、可成《かなり》顕著な進歩を示してゐる。が、精神的には、殆《ほとんど》、これと云ふ程の進歩も認める事が出来ない。否、寧、或意味では、堕落してゐる。では、現代に於ける思想家の急務として、この堕落を救済する途《みち》を講ずるのには、どうしたらいいのであらうか。先生は、これを日本固有の武士道による外はないと論断した。武士道なるものは、決して偏狭なる島国民の道徳を以て、目せらるべきものでない。却《かへつ》てその中には、欧米各国の基督教的精神と、一致すべきものさへある。この武士道によつて、現代日本の思潮に帰趣《きしゆ》を知らしめる事が出来るならば、それは、独り日本の精神的文明に貢献する所があるばかりではない。延《ひ》いては、欧米各国民と日本国民との相互の理解を容易にすると云ふ利益がある。或は国際間の平和も、これから促進されると云ふ事があるであらう。――先生は、日頃から、この意味に於て、自ら東西両洋の間に横はる橋梁《けうりやう》にならうと思つてゐる。かう云ふ先生にとつて、奥さんと岐阜提灯と、その提灯によつて代表される日本の文明とが、或調和を保つて、意識に上るのは決して不快な事ではない。

所が、何度かこんな満足を繰返してゐる中に、先生は、追々、読んでゐる中でも、思量がストリントベルクとは、縁の遠くなるのに気がついた。そこで、ちよいと、忌々《いまいま》しさうに頭を振つて、それから又丹念に、眼を細《こまか》い活字の上へ曝《さら》しはじめた。すると、丁度、今読みかけた所にこんな事が書いてある。

――俳優が最も普通なる感情に対して、或一つの恰好な表現法を発見し、この方法によつて成功を贏《か》ち得る時、彼は時宜《じぎ》に適すると適せざるとを問はず、一面にはそれが楽である所から、又一面には、それによつて成功する所から、動《やや》もすればこの手段に赴かんとする。しかし夫《それ》が即ち型《マニイル》なのである。……

先生は、由来、芸術――殊に演劇とは、風馬《ふうば》牛《ぎう》の間柄である。日本の芝居でさへ、この年まで何度と数へる程しか、見た事がない。――嘗《かつ》て或学生の書いた小説の中に、梅幸《ばいかう》と云ふ名が、出て来た事がある。流石《さすが》、博覧強記を以て自負してゐる先生にも、この名ばかりは何の事だかわからない。そこで序《ついで》の時に、その学生を呼んで、訊《き》いて見た。

――君、梅幸と云ふのは何だね。

――梅幸――ですか。梅幸と云ひますのは、当時、丸の内の帝国劇場の座附俳優で、唯今、太閤記《たいかふき》十段目の操《みさを》を勤めて居る役者です。

小《こ》倉《くら》の袴をはいた学生は、慇懃《いんぎん》に、かう答へた。――だから、先生はストリントベルクが、簡勁《かんけい》な筆で論評を加へて居る各種の演出法に対しても、先生自身の意見と云ふものは、全然ない。唯、それが、先生の留学中、西洋で見た芝居の或るものを聯想させる範囲で、幾分か興味を持つ事が出来るだけである。云はば、中学の英語の教師が、イデイオムを探す為に、バアナアド・ショウの脚本を読むと、別に大した相違はない。が、興味は、曲りなりにも、興味である。

ヴエランダの天井からは、まだ灯をともさない岐阜提灯が下つてゐる。さうして、籐椅子の上では、長谷川謹造先生が、ストリントベルクのドラマトウルギイを読んでゐる。自分は、これだけの事を書きさへすれば、それが、如何に日の長い初夏の午後であるか、読者は容易に想像のつく事だらうと思ふ。しかし、かう云つたからと云つて、決して先生が無聊《ぶれう》に苦しんでゐると云ふ訳ではない。さう解釈しようとする人があるならば、それは自分の書く心もちを、わざとシニカルに曲解しようとするものである。――現在、ストリントベルクさへ、先生は、中途でやめなければならなかつた。何故と云へば、突然、訪客を告げる小間使が、先生の清興を妨げてしまつたからである。世間は、いくら日が長くても、先生を忙殺しなければ、止《や》まないらしい。……

先生は、本を置いて、今し方小間使が持つて来た、小さな名刺を一瞥《いちべつ》した。象牙紙に、細く西山篤子と書いてある。どうも、今までに逢つた事のある人では、ないらしい。交際の広い先生は、籐椅子を離れながら、それでも念の為に、一通り、頭の中の人名簿を繰つて見た。が、やはり、それらしい顔も、記憶に浮んで来ない。そこで、栞《しをり》代りに、名刺を本の間へはさんで、それを籐椅子の上に置くと、先生は、落着かない容子《ようす》で、銘仙の単衣《ひとへ》の前を直しながら、ちよいと又、鼻の先の岐阜提灯へ眼をやつた。誰もさうであらうが、待たせてある客より、待たせて置く主人の方が、かう云ふ場合は多く待遠しい。尤《もつと》も、日頃から謹厳な先生の事だから、これが、今日のやうな未知の女客に対してでなくとも、さうだと云ふ事は、わざわざ断る必要もないであらう。

やがて、時刻をはかつて、先生は、応接室の扉をあけた。中へはいつて、おさへてゐたノツブを離すのと、椅子にかけてゐた四十恰好の婦人の立上つたのとが、殆《ほとん》ど同時である。客は、先生の判別を超越した、上品な鉄御《てつお》納戸《なんど》の単衣を着て、それを黒の絽《ろ》の羽織が、胸だけ細く剰《あま》した所に、帯止めの翡翠《ひすゐ》を、涼しい菱の形にうき上らせてゐる。髪が、丸髷《まるまげ》に結つてある事は、かう云ふ些事《さじ》に無頓着な先生にも、すぐわかつた。日本人に特有な、丸顔の、琥珀色の皮膚をした、賢母らしい婦人である。先生は、一瞥して、この客の顔を、どこかで見た事があるやうに思つた。

――私が長谷川です。

先生は、愛想よく、会釈《ゑしやく》した。かう云へば、逢つた事があるのなら、向うで云ひ出すだらうと思つたからである。

——私は、西山憲一郎の母でございます。

婦人は、はつきりした声で、かう名乗つて、それから、叮嚀に、会釈を返した。

西山憲一郎と云へば、先生も覚えてゐる。やはりイブセンやストリントベルクの評論を書く生徒の一人で、専門は確か独法だつたかと思ふが、大学へはいつてからも、よく思想問題を提《ひつさ》げては、先生の許《もと》に出入した。それが、この春、腹膜炎に罹《かか》つて、大学病院へ入院したので、先生も序《ついで》ながら、一二度見舞ひに行つてやつた事がある。この婦人の顔を、どこかで見た事があるやうに思つたのも、偶然ではない。あの眉の濃い、元気のいい青年と、この婦人とは、日本の俗諺《ぞくげん》が、瓜二つと形容するやうに、驚く程、よく似てゐるのである。

——はあ、西山君の……さうですか。

先生は、独りで頷《うなづ》きながら、小さなテエブルの向うにある椅子を指した。

——どうか、あれへ。

婦人は、一応、突然の訪問を謝してから、又、叮嚀に礼をして、示された椅子に腰をかけた。その拍子に、袂から白いものを出したのは手巾《ハンケチ》であらう。先生は、それを見ると、早速テエブルの上の朝鮮団扇《うちは》をすすめながら、その向う側の椅子に、座をしめた。

——結構なおすまひでございます。

婦人は、稍《やや》、わざとらしく、室《へや》の中を見廻した。

——いや、広いばかりで、一向かまひません。

かう云ふ挨拶に慣れた先生は、折から小間使の持つて来た冷茶を、客の前に直させながら、直《すぐ》に話頭を相手の方へ転換した。

——西山君は如何《いかが》です。別段御容態に変りはありませんか。

——はい。

婦人は、つつましく両手を膝の上に重ねながら、ちよいと語《ことば》を切つて、それから、静にかう云つた。やはり、落着いた、滑《なめらか》な調子で云つたのである。

——実は、今日も伜《せがれ》の事で上つたのでございますが、あれもとうとう、いけませんでございました。在生中は、いろいろ先生に御厄介になりまして……

婦人が手にとらないのを遠慮だと解釈した先生は、この時丁度、紅茶茶碗を口へ持つて行かうとしてゐた。なまじひに、くどく、すすめるよりは、自分で啜《すす》つて見せる方がいいと思つたからである。所が、まだ茶碗が、柔《やはらか》な口髭にとどかない中に、婦人の語《ことば》は、突然、先生の耳をおびやかした。茶を飲んだものだらうか、飲まないものだらうか。——かう云ふ思案が、青年の死とは、全く独立して、一瞬の間、先生の心を煩はした。が、何時《いつ》までも、持ち上げた茶碗を、片づけずに置く訳には行かない。そこで先生は思切つて、がぶりと半碗の茶を飲むと、心もち眉をひそめながら、むせるやうな声で、「そりやあ」と云つた。

——……病院に居りました間も、よくあれがお噂《うはさ》など致したものでございますから、お忙しからうとは存じましたが、お知らせかたがた、お礼を申上げようと思ひまして……

——いや、どうしまして。

先生は、茶碗を下へ置いて、その代りに青い蝋《らふ》を引いた団扇をとりあげながら、憮然《ぶぜん》として、かう云つた。

——とうとう、いけませんでしたかなあ。丁度、これからと云ふ年だつたのですが……私は又、病院の方へも御無沙汰してゐたものですから、もう大抵、よくなられた事だとばかり、思つてゐました——すると、何時になりますかな、なくなられたのは。

——昨日が、丁度初七日でございます。

——やはり病院の方で……

——さやうでございます。

——いや、実際、意外でした。

——何しろ、手のつくせる丈《だけ》は、つくした上なのでございますから、あきらめるより外は、ございませんが、それでも、あれまでに致して見ますと、何かにつけて、愚痴が出ていけませんものでございます。

　こんな対話を交換してゐる間に、先生は、意外な事実に気がついた。それは、この婦人の態度なり、挙措《きよそ》なりが、少しも自分の息子の死を、語つてゐるらしくないと云ふ事である。眼には、涙もたまつてゐない。声も、平生の通りである。その上、口角には、微笑さへ浮んでゐる。これで、話を聞かずに、外貌だけ見てゐるとしたら、誰でも、この婦人は、家常茶飯事を語つてゐるとしか、思はなかつたのに相違ない。——先生には、これが不思議であつた。

——昔、先生が、伯林《ベルリン》に留学してゐた時分の事である。今のカイゼルのおとうさんに当る、ウイルヘルム第一世が、崩御された。先生は、この訃音《ふいん》を行きつけの珈琲店《コオヒイてん》で耳にしたが、元より一通りの感銘しかうけやうはない。そこで、何時ものやうに、元気のいい顔をして、杖を脇にはさみながら、下宿へ帰つて来ると、下宿の子供が二人、扉《ドア》をあけるや否や、両方から先生の頸《くび》に抱きついて、一度にわつと泣き出した。一人は、茶色のジヤケツトを着た、十二になる女の子で、一人は、紺の短いズボンをはいた、九つになる男の子である。子煩悩な先生は、訳がわからないので、二人の明い色をした髪の毛を撫でながら、しきりに「どうした。どうした。」と云つて慰めた。が、子供は中々泣きやまない。さうして、洟《はな》をすすり上げながら、こんな事を云ふ。

――おぢいさまの陛下が、おなくなりなすつたのですつて。

先生は、一国の元首の死が、子供にまで、これ程悲まれるのを、不思議に思つた。独り皇室と人民との関係と云ふやうな問題を、考へさせられたばかりではない。西洋へ来て以来、何度も先生の視聴を動かした、西洋人の衝動的な感情の表白が、今更のやうに、日本人たり、武士道の信者たる先生を、驚かしたのである。その時の怪訝《くわいが》と同情とを一つにしたやうな心もちは、未《いまだ》に忘れようとしても、忘れる事が出来ない。――先生は、今も丁度、その位な程度で、逆に、この婦人の泣かないのを、不思議に思つてゐるのである。

が、第一の発見の後には、間もなく、第二の発見が次いで起つた。――

丁度、主客の話題が、なくなつた青年の追懐から、その日常生活のデイテイルに及んで、更に又、もとの追懐へ戻らうとしてゐた時である。何かの拍子で、朝鮮団扇が、先生の手をすべつて、ぱたりと寄木《モザイク》の床の上に落ちた。会話は無論寸刻の断続を許さない程、切迫してゐる訳ではない。そこで、先生は、半身を椅子から前へのり出しながら、下を向いて、床の方へ手をのばした。団扇は、小さなテエブルの下に――上靴にかくれた婦人の白足袋の側に落ちてゐる。

その時、先生の眼には、偶然、婦人の膝が見えた。膝の上には、手巾を持つた手が、のつてゐる。勿論これだけでは、発見でも何でもない。が、同時に、先生は、婦人の手が、はげしく、ふるへてゐるのに気がついた。ふるへながら、それが感情の激動を強ひて抑へようとするせゐか、膝の上の手巾を、両手で裂かないばかりに緊《かた》く、握つてゐるのに気がついた。さうして、最後に、皺くちやになつた絹の手巾が、しなやかな指の間で、さながら微風にでもふかれてゐるやうに、繍《ぬひとり》のある縁《ふち》を動かしてゐるのに気がついた。――婦人は、顔でこそ笑つてゐたが、実はさつきから、全身で泣いてゐたのである。

団扇を拾つて、顔をあげた時に、先生の顔には、今までにない表情があつた。見てはならないものを見たと云ふ敬虔《けいけん》な心もちと、さう云ふ心もちの意識から来る或満足とが、多少の芝居気で、誇張されたやうな、甚《はなはだ》、複雑な表情である。

——いや、御心痛は、私のやうな子供のない者にも、よくわかります。

先生は、眩《まぶ》しいものでも見るやうに、稍《やや》、大仰《おおぎやう》に、頸を反らせながら、低い、感情の籠つた声でかう云つた。

——有難うございます。が、今更、何と申しましても、かへらない事でございますから……

婦人は、心もち頭を下げた。晴々した顔には、依然として、ゆたかな微笑が、たたへてゐる。——

＊　＊　＊

それから、二時間の後である。先生は、湯にはいつて、晩飯をすませて、食後の桜実《さくらんばう》をつまんで、それから又、楽々と、ヴエランダの籐椅子に腰を下した。

長い夏の夕暮は、何時までも薄明りをただよはせて、硝子戸《ガラスど》をあけはなした広いヴエランダは、まだ容易に、暮れさうなけはひもない。先生は、そのかすかな光の中で、さつきから、左の膝を右の膝の上へのせて、頭を籐椅子の背にもたせながら、ぼんやり岐阜提灯の赤い房を眺めてゐる。例のストリントベルクも、手にはとつて見たものの、まだ一頁も読まないらしい。それも、その筈である。——先生の頭の中は、西山篤子夫人のけなげな振舞で、未だに一ぱいになつてゐた。

先生は、飯を食ひながら、奥さんに、その一部始終を、話して聞かせた。さうして、それを、日本の女の武士道だと賞讃した。日本と日本人とを愛する奥さんが、この話を聞いて、同情しない筈はない。先生は、奥さんに熱心な聴き手を見出した事を、満足に思つた。奥さんと、さつきの婦人と、それから岐阜提灯と——今では、この三つが、或倫理的な背景を持つて、先生の意識に浮んで来る。

先生はどの位、長い間、かう云ふ幸福な回想に耽《ふけ》つてゐたか、わからない。が、その中に、ふと或雑誌から、寄稿を依頼されてゐた事に気がついた。その雑誌では「現代の青年に与ふる書」と云ふ題で、四方の大家に、一般道徳上の意見を徴してゐたのである。今日の事件を材料にして、早速、所感を書いて送る事にしよう。――かう思つて、先生は、ちよいと頭を掻いた。

　掻いた手は、本を持つてゐた手である。先生は、今まで閑却されてゐた本に、気がついて、さつき入れて置いた名刺を印に、読みかけた頁を、開いて見た。丁度、その時、小間使が来て、頭の上の岐阜提灯をともしたので、細《こまか》い活字も、さほど読むのに煩はしくない。先生は、別に読む気もなく、漫然と眼を頁の上に落した。ストリントベルクは云ふ。――

　――私の若い時分、人はハイベルク夫人の、多分巴里《パリ》から出たものらしい、手巾のことを話した。それは、顔は微笑してゐながら、手は手巾を二つに裂くと云ふ、二重の演技であつた、それを我等は今、臭味《メッツヘン》と名づける。……

　先生は、本を膝の上に置いた。開いたまま置いたので、西山篤子と云ふ名刺が、まだ頁のまん中にのつてゐる。が、先生の心にあるものは、もうあの婦人ではない。さうかと云つて、奥さんでもなければ日本の文明でもない。それらの平穏な調和を破らうとする、得体の知れない何物かである。ストリントベルクの指弾した演出法と、実践道徳上の問題とは、勿論ちがふ。が、今、読んだ所からうけとつた暗示の中には、先生の、湯上りののんびりした心もちを、擾《みだ》さうとする何物かがある。武士道と、さうしてその型《マニイル》と――

先生は、不快さうに二三度頭を振つて、それから又上眼を使ひながら、ぢつと、秋草を描いた岐阜提灯の明い灯を眺め始めた。……

（芥川龍之介『手巾』１９１６年）

構成を考える

ストーリーを追うためにも、まず構成を確認してみるといいだろう。この文章は３つの部分に分けられる。第一部は、西山夫人が登場する前の長谷川先生の状況、第二部は長谷川先生と西山夫人のやり取り、第三部は西山夫人が帰った後の長谷川先生の様子が描かれる。

ストーリーを追う

まずは、自宅のヴェランダの籐椅子でストリントベルクの著書を読んでいる東京帝国大学法学部教授・長谷川先生の描写から始まる。自分の専門外の本を仕方なしに読んでいる。これが第一部だ。

小間使いが来客を告げ、西山夫人が登場してから帰るまでが第二部といえるだろう。西山夫人は、長谷川先生の教え子だった息子の死を告げる。長谷川先生は西山夫人が涙を流すことなく、穏やかに微笑みさえ浮かべながら語るのを不思議に思うが、ふと膝の上を見ると、夫人は震える手でハンカチを握りしめているのに気づく。

第三部では、西山夫人が帰った後の出来事が語られる。長谷川教授は、ドイツ人の奥さんに西山夫人こそが武士道の鏡だと称賛し、その後、ストリントベルクの本に再び目を落とす。すると、そこに、顔は微笑していながら手はハンカチを２つに裂く演技は臭味だという記述を見つけ、不快になる。

このようにストーリーをまとめることができるだろう。

登場人物のキャラクターを理解する

登場人物の言動、それについて語る作者の表現に気をつける。

登場人物のちょっと目を引く言動は描かれないか、それがどう表現されているかを考えると、ヒントになる。

東京帝国大学法学部教授・長谷川先生を、芥川は好意的に描いていない。専門は植民地研究であり、日本の武士道を欧米のキリスト教精神と一致するところがあるとして称揚している。しかし、真剣に武士道に心酔しているというよりは、事のついでにそのように主張しているかのような説明になっている。ストリントベルクの本を読んでいるが、この戯曲作家に関心があるわけではなく、芸術などを理解しない人間なのだが、教育者として、その方面の学生を指導するのに必要だと考えて読んでいる。

一般に考えると、それは教育者として十分に望ましい態度と思えるのだが、作者は、気乗りしないまま義務感で読む長谷川先生をからかい気味に描いている。

西山夫人が来ても、もったいぶって体裁を整えることばかりを考えている。西山夫人の息子の死の知らせを聞いても、長谷川先生はいたって冷淡で、教え子の死をとくに悲しんでいる様子はない。お茶を飲み続けるべきかどうかを考え、その後も、どういう態度をとろうかとばかり考えている。そして、かなり冷静に西山夫人の穏やかな態度を見て、かつてのドイツの経験を思い出している。

そして、西山夫人がハンカチを手に握っていることを発見して、長谷川先生は感動する。西山夫人が帰宅してからも、そのことが頭から離れずに、妻に話して聞かせ、それを雑誌に書こうという気持ちを持つ。ここでも、作者は長谷川先生の鼻持ちならない部分を強調している。

一言でいえば、長谷川先生は、東京帝大教授として威厳を持つことを心にかけ、持論である武士道に好都合な事例を目にして、それを妻に話し、雑誌に書こうとするような、ある意味の俗物だということになるだろう。

もう一人の主たる登場人物は西山夫人だが、この人は心から息子の死を悲しみ、もちろん演技ではなく、その悲しみをハンカチを握りしめることで、思いを外に見せないように必死に耐えている。

時代とのかかわりを考える

文学もまた、歴史の流れの中に位置づけられる。それが書かれたのがどのような時代だったのか、それに対して作者はどのような態度をとっていたのかも考える必要がある。

時代の考え方というものがある。必ず芸術作品、文学作品は時代の刻印を受けている。その時代の人々の共通する文化や考え方があり、それに対する作者個人の考えがある。また、その時代の文学流派もある。

作者が時代をどのようにとらえていたか、その時代の文学の流れに対してどのような態度をとっていたのかを、作品の中から取り出してみる。日本の場合、文明開化や太平洋戦争をどうとらえていたのか、戦後の繁栄にどのように対したのか、それぞれをとらえることができる。

『手巾』については、明治という、西洋諸国から文明を取り入れていた時代の短編だということを認識して読む必要がある。

舞台となっている土地を考える

ときに、舞台となっている土地が大きな意味を持つことがある。たとえば、川端康成の『伊豆の踊子』は、伊豆で起こった物語であることに大きな意味がある。室生犀星《さいせい》の文学は金沢の風土と切っても切り離せないだろう。中上健次の作品群も紀州熊野の土地の魂と結びついている。あるいはドストエフスキーの文学世界は、たとえばタイやベトナムでは起こりえないだろう。

作者は任意に場所を選んでいるわけではない。しばしばその土地でなければならない理由がある。『手巾』は東京が舞台だが、これもまた東京でなければならなかっただろう。

作品のテーマを見つける

ストーリーを整理し、登場人物のキャラクターを整理し、作者がそれをどうとらえているのかを考えてみる。

では、作者はこの短編小説で何を言いたいのか。

最も印象に残るのは、西山夫人が息子の死を、その恩師に伝えようとして、顔では微笑みながら、全身の悲しみを表現するように手でハンカチを握りしめていたというエピソードだろう。そこに焦点を絞れば、日本人の慎み深さ、あるいは表には出さないまま悲しみを心の内で耐える人間の性《さが》がテーマということになる。

だが、小説はそこでは終わらない。ストリントベルクの著書に、まさにそのことをからかう文章を長谷川先生は見つける。ストリントベルクが語っているのは、「顔で微笑みながら、手でハンカチを握りしめるのは、下手な芝居だ」ということだろう。そして、長谷川先生は興ざめする。

では、こうしたエピソードで作者は何を言いたいのか。いくつかの解釈があるだろう。自分なりの解釈を考えても、まだほかにも解釈はできないかを考えてみる。そうすると、以下のものが考えられる。なお、最初に示したのが、私自身の解釈だ。

①長谷川先生は、体裁、つまりはどう見えるか、外からどう思われるかばかりを気にしている。まさしく「演技」を気にかけている。「武士道」という、外からどう見えるかではなく魂そのものを示すべきものを唱道しながらも、本人は演技しか考えていない。その人が、演技ではない本当の心の痛みを西山夫人のハンカチの中に見出した。長谷川先生は、自分の「武士道」の話に好都合なので利用したいと考えた。だが、ストリントベルクの「演技論」を手にして、自分が演技ばかり考えていることを、たま

たま見透かされている気がした。人間は演技することばかり考えている。「武士道」をたたえる人でさえも。

②長谷川先生は、体裁ばかり考え、思想を自分の血肉にしていない。売り物として武士道を唱道し、それに都合の良い事例を見つけて喜んで語ろうとするが、それを否定する文章を見つけると、すぐにまた撤回する。日本の知識人は底が浅い。

③長谷川先生は、武士道などという日本の伝統精神を語り、それを誇りに思っているが、ストリントベルクという海外の大劇作家のちょっとした記述を見つけると、すぐにそれに影響されて黙ってしまう。日本の知識人はたとえ日本の伝統をたたえても西洋崇拝は抜けない。

④長谷川先生は、人間の心の奥底にある母親の悲しみを前にしても、自分の理論に当てはめることばかりを考えている。知識人というのは、庶民の心の痛みなどに関心を持

たない。

⑤真実がどこにあるのかはわからない。西山夫人が演技をしていたとは思えないが、それも見方によっては演技とみなされてしまう。長谷川先生は初めはいい加減な知識人だったが、西山夫人によってそのことに気づいた。

テーマが見つからないときは？

一読しただけではテーマがわからないときは、以下の項目について検証してみるといいだろう。文学作品でしばしば取り上げられるテーマだ。読んでいる小説もそのようなテーマを語っているのではないかと考えてみると、新たな面に気づくことがある。

●エゴイズム

近代文学でよく取り上げられるテーマだ。とりわけ芥川は、しばしば人間の利己主義をテーマにした。人間はいかに自分のことしか考えていないかを抉り出そうとした。

●自我

人間は自意識に悩む。ときに、あまりに強い自意識にうんざりして、それを捨て去ろうという衝動に駆られる。そのような自我の葛藤をテーマとする文学作品も多い。自分とはいかなる存在かということについて考えるのは近代文学の特徴だ。

●人間の弱さ

人間がいかに誘惑に弱いか、それがいかに醜いか、いかに爛《ただ》れた欲望にあふれているか。だが、同時に、それこそが人間の愛すべき本質だという見方もある。

●社会と個人

社会は個人の自由を束縛する。個人は社会に向けて何をするべきか、個人と社会のどちらを優先するべきなのか。日本の場合、社会ではなく、家という形を持つことも多い。

●生きる意味

生きることに意味はあるのか。そもそも、無意味ではないか。そう考えた人間が意味を見出そうとするというテーマがしばしば見られる。

●生の賛歌

何はともあれ、生きることが大事だというテーマの作品も多い。粗野な生、純粋な生命力への賛歌もしばしば取り上げられる。

●権力の横暴

権力がいかに横暴か、いかに貧しい人が虐げられているか、いかに社会が矛盾に満ちているか。社会派の小説ではこのような問題が取り上げられる。

●戦うことの大事さ

人の言いなりになるのではなく、戦って、自分の考えを貫いて自分の生き方を獲得していくことの大事さを訴える小説も多い。

●愛の成就

文学作品には恋愛小説も多い。純粋な愛の成就、あるいは中年、老年の真の愛の目覚めなども取り上げられる。

●かつての時代の回顧

自分が子どもだった時代を回顧し、その時代の幸せを描くものも多い。また、もっと昔の江戸時代、あるいは古代を題材に、その時代のおおらかさなどを描こうとする。

●新しい時代の息吹

旧来の社会と異なって、新たな時代への希望を書こうとする小説も多い。

●神の存在

果たして神は存在するのか、善とは何なのかという問題を取り上げることも多い。神の教えに疑問を抱いた人物があれこれの体験をして、新しい宗教観に目覚める形をとることが多い。

以上、日本文学でしばしば取り上げられるテーマを示したが、もちろんこれらは、無理やりに定式化したものだ。実際には、一人一人の作家によって、一つ一つの作品によってテーマが異なる。これらのテーマが複合されていることも多い。だが、いずれにしても、このような項目を考え、その小説が何をテーマにしているのかを考えてみると、深く読み取るための手掛かりになるだろう。

実は小説も「制度」である

小説や詩も、頭の中にあることをそのまま書けばよいというものではない。それなりのルールがあり、暗黙の了解があり、制度といえるようなものがある。多くの文学作品が制度を守って書いている。新しい文学は、それらの制度を壊していくという面もあるが、いずれにしても、何らかの形で旧来の制度を利用している面もある。いくつかの制度を示そう。

●本当らしくなければならない

まず、とりわけ小説は本当らしくなければならない。本当に起こっていると思わせてこそ、読者は読み進める。リアリティがないと、読者はつまらないと思って、読み進めない。ただし、なかには事実のはずのないほら話も多い。それを楽しんで読むこともある。だが、その場合も細部の描写などに本当らしさがあり、読者はそこにリアリティを感じて読んでいる。

したがって、作者は本当らしさを作り出している。そのための工夫をしている。文体を工夫したり、登場人物のキャラクターを不自然にならないようにしたりしている。

また、妖怪や幽霊、超常現象などの本当らしくない出来事を扱うときには、それを不自然と感じないような工夫をしなければならない。都会の真ん中でそうしたことが起こるのはあまりに不自然なので、それなりの場所を用意し、雰囲気を作り出す。

●伏線

現実の社会には伏線はない。何の前触れもなく、人は事故にあう。何の前触れもなく死んでしまうこともある。親が死ぬとき、遠くに離れている子どもが予兆を感じることは、まずない。だが、小説で伏線なしに出来事が起こると、読者は真実と思わない。何かしら予感したような記述が現れる。

かつて私の訳したコンゴの小説『一つ半の生命』は、様々なことが伏線なしに起こる、いわば実験的な小説だった。それを読むと、次々と唐突に事件が起こって、読んでいる人はついていけなくなる。リアリティを感じず、うそと感じてしまう。

したがって、ふつうの小説の場合、何らかの伏線を張ることになる。ミステリーなどでは見え見えの伏線を張って、それをいかに上手に回収するかが腕の見せどころになる。文学作品もそれほどではないにせよ、前もって予告していたことを解決させていくことが求められる。もし、それが解決されなかったら、そこにも大きな意味が含まれている。

●感情移入

原則として、小説においては登場人物の一人、あるいは、ときには数人に感情移入させなければならない。もちろん、感情移入させない小説もないではないが、そうすると、読み手はつらくなる。感情移入できる人物がいてこそ、読者はその人の心の中に入り込み、自分のことのように心配し、その小説世界を生きる。

したがって、作者は読者に感情移入させる工夫をしている。その登場人物に欠点がある場合も、読者にその欠点を愛させ、許容できるようにしなければならない。

●テーマを暗号で示す

作者は自分のテーマを示す。

たとえば、登場人物を配するとき、多くの作家が自分の「分身」を作る。そして、自分の思想をその人物に語らせる。ほとんどの場合、それは主人公だが、そうでない場合もある。

また、作者によっては、登場人物に主人公やその「分身」を配してテーマを示すことがある。そして、数人の人物にそれぞれ異なったキャラクターをあてて、テーマを示す。たとえば、ドストエフスキーの『カラマーゾフの兄弟』では、長男のミーチャと次男のイヴァン、三男のアリョーシャ、私生児とみられるスメルジャコフに何らかの役割を負わせている。この4人はそれぞれの分身といえるだろう。そして、父親のカラマーゾフ殺人事件をめぐる各人の行動や言葉によってテーマを描いていく。

読者は小説のあれこれの意味ありげな記述の中に暗号を見つけ、それを組み合わせてテーマを読み解くことになる。

もちろん、これについても暗号を作ることを拒否する作家もいる。そのようなテーマ設定を否定する作家もいる。だが、基本的にはこのようにしてテーマが示される。

自分なりのテーマを設定する

文学作品を読む場合、必ずしも「正確さ」にこだわる必要はない。文学作品を読むのは自由だ。そこから何をくみ取ってもいい。

したがって、文学作品の中に、作者が考えていなかったテーマを読み取ることもできる。文学作品は一つの世界だ。読者はその世界の中で遊ぶ。自分なりにその世界から自分の世界を組み立てる。

もし、宗教のあり方に関心があるとする。その場合には、たとえば、『手巾』の中に芥川龍之介の宗教観がどう表れているかを探ることもできる。つまり、読者が自分に関心のあるテーマを設定して、それが作品の中でどうとらえられているかを見るわけだ。

自然をどうとらえているか、異性愛・同性愛をどうとらえているか、芸術をどうとらえているかなどを考えることもできる。それも立派な読解だ。

●文体・構成・語り口

文学作品にとっては、ストーリーがすべてではない。文体も大きな意味を持つ。夏目漱石も芥川龍之介も三島由紀夫も大江健三郎も村上春樹も、その文体に多くの人が惹かれている。きらびやかな豊かな語彙を使っていたり、逆に誰もが使うような簡単な言葉を使っていたりしながら、言葉を連ねて一つの世界を作り出していく。その言葉の使い方こそが文学の魅力でもあり、それを味わうことが文学の読解でもある。

同じ演目であっても、落語家によって面白くなったりつまらなくなったりする。同じ歌でも、歌手によってまったく異なる。それと同じで、作家は言葉を紡いで世界を作っていくが、その言葉の使い方こそがすべてと言ってよい。

●作者の語り口

作者は神の視点を持って、すべての登場人物の行動を把握し、それぞれの心の中まで入り込むことができるのか、そうでないのか。作者は視点を定める必要がある。

かつての小説では作者は神の視点を持っていることが多かった。自由に登場人物の心の中に入り込んで、その人物自身が気づいていないことさえも描いていた。だが、19世紀後半ころから、それを不自然と感じる作者や読者が増えて、徐々に、作者は個人の視点に基づくことが多くなった。

つまり、作者が心の中まで知るのは、語り手一人だけ。しかも、自分のことであっても表面的なことにしか気づいておらず、深層心理までは理解していない。それ以外の人は外から見ているにすぎない。そのような個人の視点から物語を語っていくというスタイルだ。

それに伴って、主人公が一人称であったり、三人称であったりする。かつての、作者が神の視点で物語る場合、主人公は三人称を用いて「彼」「彼女」を語っていたが、近年は一人称を用いて、個人の視点から書く小説が増えている。

ただし、日本の場合、一人称といっても、「私」とは限らない。「ぼく」「僕」「おれ」「俺」「自分」「吾輩」といったいくつもの一人称がある。どの一人称を選ぶかによって、作品の意味ががらりと変わる可能性がある。

●文学史的な役割・モデル・文献探し

文学作品を読む場合、とくに古典としてすでに評価の定まっているものについては、評論や解説を参考にするのも大事なことだ。芥川龍之介について、またもちろん『手巾』についてたくさんの解説がなされている。ネット上でもそれらを読むことができる。それらを参考にして読み取りに活用することもできる。きっと自分だけで読んだのでは発見できなかったような解釈が示されて、目を見開かれる思いがするだろう。

そうしたなかで、モデルを考えることに意味があることもある。

小説には、はっきりしたモデルが存在することがある。モデルがどのような人であったか、それを作者がどのようにとらえ、どのように改変したかを知ると、作者の意図などをより詳しく知ることができる。

ところで、例として示した『手巾』の長谷川先生は、新渡戸稲造をモデルにしているといわれる。いうまでもなく、新渡戸は長谷川先生と同じ東京帝国大学法学部教授であり、キリスト教徒であると同時に、日本の武士道精神を海外に広く紹介した。アメリカ人女性と結婚している点でも長谷川先生と酷似している。芥川は東京帝国大学で新渡戸の講義に出席して、あまり良い印象を持たなかったらしい。したがって、『手巾』は新渡戸批判の短編とみなすこともできる。

そのような背景を調べ、新渡戸について、そして芥川と新渡戸の現実の関係性についても調べてみると、いっそう読解は深まるだろう。

おわりに

読解力は現代社会に必須のスキルだ。にもかかわらず、十分に力をつけていない人、自信を持てない人が少なからずいる。

そこで、長年、文章指導にあたり、文筆活動を生業《なりわい》にしてきた経験を活かして、できる限り実践的に、即効で読解力をつける方法について書いた。それが本書『すばやく鍛える読解力』と前著『「頭がいい」の正体は読解力』だ。

２冊を書きながら強く思ったことがある。読解には共感の気持ちが不可欠だということだ。

文章は、それを理解しようという気持ちがなければ理解できない。攻撃してやろう、あら捜しをしてやろうと思っていたら、理解できるはずがない。ドストエフスキーを読んでも「こんなわけのわからないものを読んでいられるか」と思っていたら、最後までちんぷんかんぷんで、途中で放り出すだろう。本書の第二章で示したような部下の下手な文章を読む際も、「こんなバカな文章には付き合いきれん」と思ったら、先に進まない。

理解しようと考え、相手に共感し、共感したところを手掛かりにして、理解できなかった部分を探っていく。そうすると、それまで自分が考えたことのないような内容であっても、相手に近づくことができる。様々な価値観を理解できるようになる。共感し、相手に近づきたい、相手を理解したいと思うからこそ、本当に理解できる。

だが、読解力を鍛えるために共感が必要だとは言っても、共感を深めるのは難しい。共感力こそ、どう身につけてよいのかわからない類の能力だ。

しかし考えてみると、読解力を鍛えることによって、共感力も身につくのではあるまいか。真摯に文章に向かい、理解しようと努力するうちに、共感する力ができてくる。そして、それを続けるうちに読解力が鍛えられ、いっそう共感力が高まり、読解力もますます高まる。

私はきわめて実践的な読解力養成法を書いたつもりだった。だが、もしかしたらこれは、共感力を身につけることにもつながるのかもしれない。もし、実際にそうだったとしたら、こんなにうれしいことはない。

本書の成立にあたっては、幻冬舎編集部の福島広司さん、木田明理さん、小林駿介さんに大変お世話になった。最後になったが、この場で心からのお礼を申し上げる。

樋口裕一

2020年9月

著者略歴

樋口裕一《ひぐちゆういち》

一九五一年、大分県生まれ。

早稲田大学第一文学部卒業後、立教大学大学院博士後期課程満期退学。

フランス文学、アフリカ文学の翻訳家として活動するかたわら、
受験小論文指導の第一人者として活躍。

現在、多摩大学名誉教授、東進ハイスクール講師。

通信添削による作文・小論文の専門塾「白藍塾」塾長。

ＭＪ日本語教育学院学院長。

二五〇万部の大ベストセラーとなった『頭がいい人、悪い人の話し方』（ＰＨＰ新書）のほか、

『65歳　何もしない勇気』（幻冬舎）、

『「頭がいい」の正体は読解力』『笑えるクラシック』（ともに幻冬舎新書）

など著書多数。

幻冬舎新書 598

すばやく鍛える読解力

二〇二〇年九月三十日 第一刷発行

著者 樋口裕一

発行人 志儀保博
編集人 小木田順子
編集者 小林駿介 木田明理
発行所 株式会社 幻冬舎
〒一五一―〇〇五一 東京都渋谷区千駄ヶ谷四―九―七
電話 〇三―五四一一―六二一一(編集)
〇三―五四一一―六二二二(営業)
振替 〇〇一二〇―八―七六七六四三
ブックデザイン 鈴木成一デザイン室
印刷・製本所 中央精版印刷株式会社

検印廃止
万一、落丁乱丁のある場合は送料小社負担でお取替致します。小社宛にお送り下さい。本書の一部あるいは全部を無断で複写複製することは、法律で認められた場合を除き、著作権の侵害となります。定価はカバーに表示してあります。
©YUICHI HIGUCHI, GENTOSHA 2020

Printed in Japan ISBN978-4-344-98600-8 C0295
ひ-2-3
幻冬舎ホームページアドレス https://www.gentosha.co.jp/
*この本に関するご意見・ご感想をメールでお寄せいただく場合は、comment@gentosha.co.jp まで。

幻冬舎新書

樋口裕一
「頭がいい」の正体は読解力

物事を正確に読み取り理解する力＝読解力を、言葉を使い、文章を書き、例文の要点をつかむという3ステップで鍛える。飛ばし読みや資料の要約、会話やSNSでも役立つビジネス必須スキル！

樋口裕一
笑えるクラシック
不真面目な名曲案内

堅苦しく敷居が高い、と思われがちなクラシック音楽。だが作曲家たちは必ずしも真面目くさって曲を書いたわけではなく、時にはユーモアを織り込んでいる。そんな名曲の笑いどころをご案内！

齋藤孝
大人の読解力を鍛える

情報が複雑に飛び交う現代こそ、言葉を、言葉の集合体としての情報を、正確に読み解く力が不可欠だ。具体的なテキストを挙げながらコミュニケーションスキル向上を目指す、社会人必読の一冊。

近藤勝重
書くことが思いつかない人のための文章教室

ネタが浮かばないときの引き出し方から、共感を呼ぶ描写法、書く前の構成メモの作り方まで、すぐ使える文章のコツが満載。例題も豊富に収録、解きながら文章力が確実にアップする！

幻冬舎新書

萩野貞樹

旧かなづかひで書く日本語

「このあひだはありがたう」「きのふから雨が降つてゐる」――私たちが日頃使ふ「新かな」よりも洗練され、使ひ勝手もいい「旧かなづかひ」。本書でその基本をおぼえて日本語の美しさを味はひませう。

吉原珠央

自分のことは話すな

仕事と人間関係を劇的によくする技術

「自分の話」をやめるだけで、仕事も人間関係も俄然よくなると著者は断言。その根拠とは？「『自分をわかってほしい』と思うことほど傲慢なことはない」など会話の盲点を指摘した一冊。

齋藤孝

思考中毒になる！

考える達人になるには、寝ても覚めても常に考え続ける「思考中毒」になればいい。すると面白いほどにアイデアが湧き出てくる。そこで本書では、思考中毒になるための秘策を網羅。

奥田昌子

血圧を最速で下げる

老化を防ぐ「血管内皮」の鍛えかた

「減塩すれば血圧は下がる」「少し高いほうが長生きする」「上と下の差が大きければ大丈夫」は全部ウソ！30万人を診た医師が血圧を最速で下げる生活習慣を最新研究から明らかにする。

幻冬舎新書

野口悠紀雄
だから古典は面白い

無類の読書家であり経済学者の著者は「読書するなら古典」という。著者が推薦する本を読めば、そのめくるめく世界観に心浮き立つだけでなく、仕事で役立つ知識も身につくこと、請け合い！

有馬頼底
真贋《しんがん》力《りょく》
金閣寺・銀閣寺住職が教える目利きの力

詐欺、改竄、フェイクニュースに溢れる社会で、流されずに生きるには？　金閣寺・銀閣寺住職で、来日したフランシスコ教皇とも親交の深い「目利きの達人」が教える、本物／偽物の見極め方。

山本多津也
読書会入門
人が本で交わる場所

本の感想を複数人で語り合う「読書会」は、一人の読書よりもメリットが多い。他人と語り合うことで本の内容がしっかり自分の血肉となる。日本最大規模の読書会主宰者がその醍醐味を伝授。

伊藤賀一
47都道府県の歴史と地理がわかる事典

各都道府県の歴史・地理をコンパクトながら深掘り解説、経済活動や伝統文化等に加えて、全都道府県に足を運んで集めた「鉄板ネタ」「地雷ネタ」まで盛り込んだ、読んで楽しく役に立つ画期的な事典。

幻冬舎新書

藤垣裕子　柳川範之

東大教授が考えるあたらしい教養

東大教授2人が提唱する教養とは「正解のない問いに対し、意見の異なる他者との議論を通して思考を柔軟にし、〈自分がよりよいと考える答え〉にたどり着くこと」。その意味するところを解説。

橋本治

精読　学問のすゝめ

この本は「新時代に必要な学問はこれ！」と諭吉が教えるノウハウ本ではありません。では何が書かれているのか。読み継がれる理由とは。秘密はすべて初編にあり、と看破した型破りな解説本。

奥田昌子

胃腸を最速で強くする

体内の管から考える日本人の健康

「胃痛の原因はストレス」「ヨーグルトで便秘が治る」は間違い！　消化管の病気を抱える日本人は1010万人超。強い消化管をつくるのに欠かせない食事や生活習慣、ストレス対処法を解説。

出口治明

人生を面白くする

本物の教養

教養とは人生を面白くするツールであり、ビジネス社会を生き抜くための最強の武器である。読書・人との出会い・旅・語学・情報収集・思考法等々、ビジネス界きっての教養人が明かす知的生産の全方法。